LI TIANJI
DU XILIAN

GUÍA COMPLETA DE
ARTES MARCIALES

Li Tianji
Du Xilian

Guía completa de artes marciales

A Guide to Chinese Martial Arts
© Foreing Languages Press, 1991

Guía completa de artes marciales
© Li Tianji y Du Xilian, 2004

Quarzo

D.R. © Editorial Lectorum, S.A. de C.V., 2004
Centeno 79
C.P. 09810, México, D.F.
Tel.: 56 12 05 46
www.lectorum.com.mx
ventas@lectorum.com.mx

L.D. Books
8233 NW 68 Street
Miami, Florida, 33166
Tel. 406 22 92 / 93
ldbooks@bellsouth.net

Primera edición: agosto de 2004
ISBN: 970-732-076-1
© Traducción: Martha Baranda

Impreso y encuadernado en México.
Printed and bound in Mexico.

ÍNDICE

Capítulo 1
LOS ORÍGENES Y DESARROLLO HISTÓRICO DEL KUNG-FU CHINO

El kung-fu, wushu o artes marciales, es un deporte para la salud y la defensa personal, con una historia de varios cientos de años que forma parte de la valiosa herencia cultural de China.

I. Las raíces del wushu chino

El wushu chino fue desarrollado a través de los siglos por el pueblo chino en su lucha por la supervivencia. Sus raíces se encuentran en la sociedad primitiva a pesar de que, en aquella época, estaba muy lejos del deporte artístico que ahora es.

En la antigüedad, el hombre utilizaba garrotes y varas en su lucha en contra de los animales salvajes y en su búsqueda de alimento. Se desarrolló una habilidad rudimentaria en el manejo de armas y, posteriormente, fue necesario afinarla, a causa de los conflictos intertribales. Estas condiciones condujeron al desarrollo gradual de armas sofisticadas que requerían más habilidades de uso, a pesar de que las peleas cuerpo a cuerpo continuaron siendo básicas en el combate.

A medida que el hombre se fue haciendo más diestro en la cacería y la guerra, también desarrolló la danza como actividad de entretenimiento y relajación. Los registros antiguos sugieren que la danza consistía frecuentemente en la imitación de varios movimientos animales y, por lo tanto, surgieron la Danza del Mono, la Danza del Oso, la Danza del Pájaro y muchas más. *El libro de historia* se refiere a ellas como "las danzas de los cien animales".

Adicionalmente, aparecieron algunos deportes rudimentarios, como la Danza con Escudo y Hacha de Batalla, y Máscaras con Cuernos, ambos ejercicios militares. La Danza con Escudo y Hacha, que fue una danza marcial que representa la batalla y las tropas en entrenamiento, demuestra la temprana relación entre la danza y las habilidades de combate. Máscaras con Cuernos era una lucha de competencia era practicada por los soldados. Se decía que este deporte era un método de entrenamiento previo a la batalla, usado en los ejércitos de la legendaria tribu Chiyou del este de China. Los soldados usaban cuernos en la cabeza, como señal de coraje, y se embestían entre sí durante el concurso. Estos ejercicios fueron las formas antiguas del wushu.

II. El wushu antes de las dinastías Qin y Han

A medida que la sociedad se fue desarrollando, el wushu hizo lo propio. El periodo Shang, entre los siglos 16 y 11 a.C. vio el florecimiento de la Edad de Bronce en China, que permitió el surgimiento de las armas de bronce, como la lanza ondeante, el hacha daga, la albarda, el hacha, el hacha de batalla, la espada ancha y el espadín. Estas armas requerían el desarrollo de las habilidades correspondientes para utilizarlas.

Durante los periodos de Primavera y Otoño y los Estados Guerreros, entre los años de 770 y 221 a.C., las guerras con caballería reemplazaron a las guerras con carromatos militares. Para adaptarse a los combates a lomo de caballo se hicieron modificaciones a las armas, como la forma de las navajas o el largo de las empuñaduras. También se inventaron otras armas.

De acuerdo con el *Libro de Zhuang Zi*, el combate a manos libres era una habilidad sumamente desarrollada al final de dicho periodo, con muchos métodos de ataque, defensa, contraataque y tretas.

La esgrima también era muy común en aquella época. Lo anterior se discute en otra sección del *Libro de Zhuang Zi*. De acuerdo con *Los proverbios de la familia de Confucio*, "Zi Lu acudió a ver a Confucio en traje de batalla y, blandiendo su espada, comenzó a bailar".

La esgrima fue particularmente popular entre los pueblos de los estados de Wu, Yue y Zhao. Las competencias eran frecuentes pero, a causa de que los participantes no iban adecuadamente protegidos, eran comunes las heridas en los duelos. En una competencia de esgrima, en el estado de Zhao, más de sesenta personas perdieron la vida o sufrieron heridas en un periodo de siete días. En el estado de Wu, eran comunes las personas heridas de la cara o el cuerpo. Sin embargo, el amor por la esgrima no pereció ni entre las mujeres ni entre los hombres. *Las Crónicas de la Primavera y el Otoño*, de Wu y Yue, hablan de la historia de Chu Nü, quien recibió el título honorífico de "Hija de Yue" de parte del rey de Yue, Gou Jian, quien vivió alrededor del año 465 a.C.; este título le fue otorgado por sus habilidades en la comprensión de las artes marciales. La historia dice que el Rey Gou Jian estaba estructurando planes para fortalecer su país con su primer ministro, Fan Li, quien le advirtió: "Al guiar a un ejército a la batalla, la victoria o la derrota generalmente se deciden por las habilidades de los soldados con las armas. He escuchado que en el Bosque del Sur vive una mujer llamada Chu Nü, cuya destreza en las artes marciales supera lo ordinario por amplio margen. Me permito sugerir que Su Majestad la convoque para instruir a nuestras tropas".

El rey manifestó su inmediato consentimiento y envió a un general por ella. Cuando el general llegó al Bosque del Sur, la encontró trepada en un árbol de moras recogiendo hojas y aparentemente sin haberse dado cuenta de su llegada. El general intentó poner a prueba su habilidad atestando un fuerte golpe a la rama sobre la que ella estaba parada. Antes de que el golpe siquiera impactara en la rama, Chu Nü dio un salto mortal del árbol y aterrizó en frente del caballo del general. Chu conoció al rey, quien estaba impresionado no solamente por su profundo conocimiento de la esgrima, sino por su magistral dominio de la danza de la espada.

Para la época de la Dinastía Qin (221-207 a.C.), las competencias habían desarrollado una regulación más estricta y ya se contaba con árbitros, arenas y una vestimenta de protección. Entre los artículos desenterrados en 1975 de una tumba de la Dinastía Qin, en el condado de Jiangling, ubicado en la provincia de Hubei, había una peineta de madera en cuya parte trasera se veía una pintura que representaba una colorida escena de una competencia de lucha. Una banderola cuelga de un escenario, en el que dos hombres luchan con los torsos desnudos, portan pantalones y correas en la cintura, además de zapatos con las puntas hacia arriba. Un tercer personaje actúa como árbitro.

Durante la Dinastía Han (206 a.C.-220 d.C.) el wushu siguió desarrollándose, haciendo más evidente el elemento de deporte y danza. Aparecieron muchas danzas marciales, como la Danza del Espadín, la Danza de la Espada Ancha, la Danza de la Albarda Gemela y la Danza del Hacha de Batalla.

Mientras que estas danzas contienen elementos de ataque y defensa, otras posturas y técnicas evolucionaron y fueron designadas para propósitos calisténicos. Un registro histórico, que data del año 108 a.C., describe cómo la gente venía de hasta 300 li (150 kilómetros) alrededor de la capital para presenciar un concurso.

Era tradicional que en cada festival hubiera una demostración de danza que, en la época de la Dinastía Han, generalmente tomaba la forma de una danza de espada. La más famosa fue la danza de espada interpretada en el festival en la Puerta Cisne-Ganso. El festival tuvo lugar después del colapso de la Dinastía Qin, durante la lucha por la supremacía entre las fuerzas de Chu, con Xiang Yu (232-202 a.C.) a la cabeza, y las fuerzas de Han, comandadas por Liu Bang (247-195 a.C.) La historia dice que Liu Bang fue invitado por Xiang Yu a un festival en la Puerta Cisne-Ganso. El partidario de Xiang Yu, Xiang Zhuang, realizó una danza con la intención de matar accidentalmente a Liu durante su presentación. Pero un hombre llamado Fan Kuai se unió a la danza, con el fin de proteger a Liu.

Durante la Dinastía Han también fueron populares los concursos de combate sin armas. El rápido desarrollo en las guerras a caballo provocó que se hicieran algunas mejoras en la destreza para utilizar armas punzo-cortantes. En el libro *Historia de la Dinastía Han* se incluyen capítulos acerca de la esgrima, el combate a manos libres y la arquería. Por desgracia, esos capítulos han desaparecido.

III. El periodo Sui-Tang y épocas posteriores

La Danza de la Esgrima se hizo cada vez más popular durante las Dinastías Sui y Tang (518-907). Entre los maestros más reconocidos, se encontraba el poeta Li Bai, de la Dinastía Tang, el General Pei Min y dos mujeres, Gongsun y Li Shi'er.

Durante la Dinastía Tang (618-907) se comenzó a utilizar un nuevo sistema para seleccionar a los oficiales militares mediante un examen. Aquellos que tenían una destreza superior en wushu recibían títulos honoríficos, como "Caballero Fiero e Impaciente" y "Caballero de Pie de Flota". Este sistema para seleccionar talentos marciales estimuló la práctica del wushu en toda la sociedad. Como consecuencia, las rutinas de wushu se desarrollaron con gran rapidez. Se diseñaron nuevas formas de ejercicios de danza individual y en grupos, con el uso de espadas, lanzas, espadas anchas, albardas, bastones y cayados. También entonces apareció el boxeo.

Durante la Dinastía Song (960-1279) se organizaron las asociaciones de wushu entre la gente. Existen registros de sociedades de arquería, de arcos cruzados, cayado y lucha cuerpo a cuerpo. En las ciudades, todas las calles y callejones se convirtieron en espacios de práctica, con demostraciones de Máscara con Cuernos, boxeo, patadas, juegos de bastón y cayado, danzas con espadas anchas, lanzas y arquería. Los cuentos tradicionales, como Los Proscritos del Pantano, relato acerca de la rebelión de los héroes campesinos en contra de la corrupción de los oficiales del gobierno Song, proporcionan una vívida imagen del wushu en aquel periodo.

En la Dinastía Ming (1368-1644), el wushu ya se había cristalizado gradualmente en varias escuelas distintas. Se escribieron trabajos teóricos con el fin de resumir el desarrollo de los diversos estilos, obras como *Un nuevo ensayo acerca del efecto de las artes marciales, Escritos marciales* y *Habilidades adicionales al cultivo*. Estas obras registraron las diferentes escuelas de combate armado y a manos libres, su desarrollo, técnicas, métodos de lucha y los nombres de los movimientos. El autor de *Un nuevo ensayo acerca del efecto de las artes marciales*, Qi Jiguang (1528-1587), fue un renombrado general bajo las órdenes del Emperador Jiajing (reinó de 1522 a 1566), de la Dinastía Ming, y fue sumamente diestro en casi todos los tipos de armas. Este general señaló al combate a manos libres como el aspecto más importante del wushu, como el fundamento de todas las habilidades de combate y la puerta de acceso a las otras destrezas para el principiante. Los soldados de Qi fueron reconocidos en toda China por su bravura y sus habilidades en la batalla.

En este periodo abundaron las figuras famosas, como Ou Qianjin, famoso por su sorprendente habilidad de combate y su destreza en wushu, y Zhang Songxi, que fue reconocido por su escuela interna de boxeo. Zhang Songxi, a la edad de setenta años, seguía siendo un formidable oponente y conservaba la capacidad de romper una losa de piedra con la mano.

En la Dinastía Qing (1644-1911) eran comunes las sociedades secretas de wushu. Este periodo fue testigo de un rápido desarrollo de muchos estilos de wushu, así como del surgimiento de estilos como el Taiji Quan (Gran Boxeo Esencial), el Bagua Quan (Boxeo Ocho Trigrama), el Xingyi Quan (Boxeo de Imitación), el Baji Quan (Boxeo Ocho Esencial) y el Tonghi Quan (Boxeo de Brazo Completo).

Después de la Revolución de 1911, que derrocó a la Dinastía Qing, el Doctor Yan-sen (1866-1925), líder de la revolución, promovió enérgicamente la práctica del wushu como medio para fortalecer el cuerpo. El wushu fue defendido por muchos otros patriotas y, como resultado, muchos practicantes famosos ocuparon la atención del público. En 1919, el internacionalmente reconocido maestro de wushu, Huo Yuanjia, fundó la Asociación Superior de Wushu, que se convirtió en modelo para otras asociaciones similares. Sun Yat-sen escribió la inscripción "Emula el espíritu Marcial" para la Asociación Superior de Wushu.

Después de 1929, la Academia Central de Boxeo Chino se conformaba de varias sucursales establecidas en diversas regiones con el fin de entrenar promisorios ejecutantes de wushu. Por otra parte, existía un gran número de organizaciones no gubernamentales que se establecieron en ciudades y villas, como la Asociación del Mejor Wushu, en Shanghai y la Asociación de Guerreros Chinos, en Tianjin. Estos organismos realizaron grandes esfuerzos para preservar y desarrollar el wushu en todo el territorio de China.

IV. Desarrollo actual del wushu

A partir de la fundación de la República Popular de China, en 1949, el deporte del wushu ha sido sustentado, estudiado y desarrollado como parte de la herencia cultural de China, lo cual ha permitido su difusión a nivel internacional.

Las asociaciones de wushu se han establecido a todos los niveles, con el fin de promover y dirigir su desarrollo. Teniendo como objetivo el satisfacer las necesidades del gran número de entusiastas del wushu, las asociaciones han estructurado rutinas elementales de este deporte y se ha simplificado el Taiji Quan para principiantes. Se han producido rutinas estándar para competencia, libros de wushu, carteles, películas y videos.

Se ha prestado especial atención a la recolección y asesoría del material relativo al wushu. Debido a la tradición de legar las formas del wushu del maestro al alumno por medio de la palabra hablada y la demostración personal, los recursos escritos son escasos y, de lo que existe, la mayoría se encuentra dispersa. Por otra parte, ya muchos maestros contemporáneos han fallecido y los que aún viven ya son casi todos ancianos. Sin embargo, aquellas personas que están salvando el legado chino, se encuentran fuertemente motivadas en sus funciones de sistematizar el material del wushu.

En 1935, se realizó la Primera Demostración de Emulación de Deportes Nacionales de China. A partir de entonces se han organizado competencias y exhibiciones regulares de wushu. Estas actividades promueven el intercambio de habilidades e ideas, el descubrimiento de nuevos talentos y motivan el florecimiento y el desarrollo del wushu. Las competencias reguladas elevan el nivel de desempeño y ayudan al desarrollo del wushu en todas sus formas.

Con el fin de evaluar el valor de ejercitar el wushu, se han realizado investigaciones en los diversos estilos del mismo. El Colegio Médico de Beijing estudió los efectos de la práctica de Chang Quan (Boxeo Extendido) y de Taiji Quan, además del valor terapéutico del Taiji Quan para los adultos mayores, las personas débiles y los enfermos crónicos.

El wushu ha sido establecido como parte del currículum de educación física de la mayoría de las escuelas y colegios, mientras que los colegios de cultura física ahora ofrecen cursos de wushu. Hay clases de wushu en muchas escuelas de deporte en tiempo libre para gente joven y se han establecido estaciones de entrenamiento en muchas asociaciones de wushu en diferentes localidades, que atraen a cada vez más practicantes entusiastas.

Cada mañana, mientras aparecen los primeros rayos del sol, la gente practica wushu en parques y jardines, cerca de los lagos, bajo los árboles, en instituciones de convalecencia, en hospitales y salones de práctica, es decir, casi en cualquier espacio en el que sea posible encontrar un poco de paz y tranquilidad. Cada persona tiene en mente sus necesidades y preferencias particulares. Algunos practican el boxeo de sombra a manos libres, otros se ejercitan solos, algunos en parejas y otros más en grupos. Tal miríada de formas y posturas resulta en una escena viva y motivadora.

El wushu chino se ha extendido a todo el mundo. Los equipos de wushu chino han visitado más de cincuenta países, deslumbrando a las audiencias donde quiera que vayan. El primer equipo de wushu en visitar el extranjero fue un grupo de jóvenes que presentaron una demostración en la Segunda Junta Deportiva Nacional de Checoslovaquia, en 1960. Posteriormente, el equipo visitó Burma, acompañando al último premier chino Zhou Enlai. En 1974, el Equipo Nacional de Wushu de China, y en 1980 el Equipo de Wushu de Beijing, visitaron los Estados Unidos. Recibieron una cálida bienvenida y se hicieron muy populares.

Muchos extranjeros han estado ansiosos por visitar China para aprender wushu. Cada año, los clubes, las estaciones de entrenamiento y las escuelas de wushu, así como muchos colegios de cultura física en diversas partes de China son visitados por grandes grupos de fanáticos internacionales de wushu para aprender el arte.

Desde 1975, el Club Internacional de Beijing ha organizado treinta clases de Taiji Quan, a las que han acudido más de mil extranjeros residentes en China. Entre 1979 y mediados de 1982, más de ochenta extranjeros han acudido al Instituto de Cultura Física de Beijing para estudiar wushu. El mayor de ellos tenía más de setenta años de edad, y el menor todavía no contaba veinte años. Más de la mitad eran mujeres. Principalmente, dichos alumnos provenían de Japón, Gran Bretaña, Estados Unidos, Canadá, Suecia y otras naciones. Algunos eran chinos nacidos en otros países.

En septiembre de 1982, en Nanjing, tuvo lugar el Primer Concurso Internacional Amistoso de Demostración de Wushu, patrocinado por el Instituto Provincial de Wushu de Jiangsu y la Asociación Nacional de Wushu Chino de los Estados Unidos. Éste fue un nuevo experimento que reunió a muchos concursantes de diversos países en una sola arena para intercambiar habilidades.

Todo lo anterior es evidencia de una locura en ciernes por el wushu, que ha atacado a varias naciones. Los entusiastas de los

Estados Unidos, México y Canadá cuentan con organizaciones que imparten clases de wushu. En 1981, Suecia, Italia, Francia, Gran Bretaña, Alemania del Oeste y España establecieron la Liga de Kung Fu de Seis Naciones. En Estocolmo se ha fundado una escuela y un club de kung fu. Las competencias nacionales de boxeo chino en las Filipinas y Singapur incluyen competencias de combate de acuerdo con la clasificación por peso, así como presentaciones de rutinas de wushu. Las actividades de wushu también se han desarrollado muy rápidamente en Japón, que cuenta con una gran tradición propia en artes marciales. La Liga de Boxeo Shaolin tiene más de un millón de miembros, con muchas ramas tanto en el territorio nacional como en el extranjero. El Taiji Quan también se ha extendido rápidamente en Japón.

Lo anteriormente comentado establece un fuerte contraste con la vieja China, cuando el pueblo chino era considerado "la gente enferma del este de Asia" y los practicantes de wushu se enfrentaban a la discriminación. Actualmente, se espera que el wushu chino continúe creciendo en popularidad y se extienda, promoviendo la salud y fortaleciendo los lazos entre todos los pueblos.

Capítulo 2
LOS ESTILOS DEL WUSHU CHINO

I. ¿Cuántos estilos existen de boxeo chino?

Resulta muy difícil evaluar de manera precisa cuántos estilos se practican actualmente en China. Existen más de cien escuelas y muchos estilos individuales dentro de cada una de ellas.

El Yongchun Quan (Boxeo de la Eterna Juventud) se originó en la provincia de Fujian, extendiéndose posteriormente a Guangdong, Macao y Hong Kong. El Yongchun Quan es solamente uno entre gran número de estilos que comprende el término general, Nan Quan, la Escuela de Boxeo del Sur, una vigorosa y agresiva escuela que es popular al sur del río Yangtze. De los muchos estilos de Nan Quan, el más conocido es el Hongjia Quan (Escuela Hong de Boxeo), el Liujia Quan (Escuela Liu de Boxeo), el Caijia Quan (Escuela Cai de Boxeo), el Lijia Quan (Escuela Li de Boxeo) y el Mojia Quan (Escuela Mo de Boxeo), "las Cinco Grandes Escuelas". Otras escuelas de Nan Quan son: El Huheshuangxing Quan (Boxeo de Tigre y Grulla), el Yongchun Quan (Boxeo de la Eterna Juventud), el Xia Quan (Boxeo del Caballero), el Hakka Quan (Boxeo de Hakka), el Fojia Quan (Boxeo Budista), el Baimei Quan (Boxeo de la Ceja Blanca), el Ru Quan (Boxeo de Confucio), el Nanji Quan (Boxeo de Habilidades del Sur), el Kunlun Quan (Boxeo de Kunlun), el Kongmen Quan (Boxeo de la Casa de Kong), el Luanshou Quan (Boxeo Han de Ejercitamiento), el Diaojia Jiao (Escuela Diao de Enseñanza), el Yuejia Jiao (Escuela Yue de Enseñanza) y el Songjia Jiao (Escuela Song de Enseñanza).

Este gran grupo de escuelas cubre una gran variedad de estilos. Tomada la provincia de Guangdong como ejemplo, existen más de 350 diferentes rutinas de manos libres y más de cien rutinas con armas, pertenecientes a diversas escuelas.

El Bei Quan, la Escuela de Boxeo del Norte, es un nombre genérico para aquellas escuelas ubicadas en las provincias al norte del río Yangtze. Caracterizada por la fuerza y la velocidad, la Escuela del Norte hace énfasis en las variaciones de las patadas y el trabajo de pies; de ahí proviene el dicho popular "Puños del sur, piernas del norte". Los principales estilos de la Escuela del Norte son el Shaolin Quan (Boxeo Shaolin), el Fanzi Quan (Boxeo de Revoloteo), el Zha Quan (Escuela Zha de Boxeo), el Hwa Quan (Boxeo de Esencia), el Hua Quan (Boxeo Floral), el Pao Quan (Boxeo de Cañón), el Hong Quan (Escuela Hong de Boxeo), el Tongbi Quan (Boxeo de Armas Completas), el Mizong Quan (Boxeo de Mazo), el Lihue Quan (Boxeo de Seis Armonías), el Tantui (Piernas de Resorte), el Chuojiao (Pies Punzantes), el Baji Quan (Boxeo de Ocho Esenciales), el Taizu Chan Quan (Boxeo Extendido del Gran Ancestro) y el Mian Quan (Boxeo de Hilo de Seda).

También se encuentran el popular Taiji Quan y el Chang Quan, el energético Xingyi Quan (Boxeo de Imitación, el fluido Bagua Quan, el vívido Hou Quan (Boxeo del Mono) y el Zui Quan (Boxeo de Borracho), el acrobático Ditang Quan (Boxeo de Caída) y muchos más. Cada uno de ellos cuenta con sus propias habilidades, que le son características.

La miríada de formas es el resultado de la evolución de las principales escuelas en estilos regionales, de acuerdo con las aportaciones de los maestros individuales. Algunos estilos consisten en rutinas simples con habilidades básicas y ejercicios para principiantes, así como rutinas complicadas para practicantes experimentados. Por ejemplo, el Taiji Quan se divide en cinco escuelas: Yang, Chen, Wu, Woo y Sun. Estas escuelas incluyen una gran variedad de formas. Por ejemplo, la escuela Chen incluye una Rutina Vieja, una Nueva y la Rutina Zhaobao. La escuela Yang incluye la Rutina Mayor y la Menor.

Con tantas categorías, escuelas y estilos, existe una clara necesidad de sistematización, con el fin de organizar las competencias y promover el wushu. Las competencias actuales se clasifican dentro de siete categorías.

1. El grupo de estilo libre de Chang Quan: Estas son rutinas legadas desde la fundación de la Nueva China. Basadas en la escuela tradicional de Chang Quan, estas rutinas consisten en posturas fijas con estándares unificados y material didáctico. Caracterizadas por los movimientos ágiles y expansivos, son adecuadas para los niños.

2. El grupo de Taiji Quan. Incluye todos los estilos tradicionales y nuevos. Es adecuado para la mayoría de la gente; estas posturas son útiles para el tratamiento de enfermedades y para fortalecer la constitución física.

3. El grupo de Nan Quan. Los movimientos de estos estilos del sur son poderosos y energéticos, con variaciones en los métodos de los brazos para golpear y explosivos gritos que acompañan el movimiento.

4. El grupo del Xingyi-Bagua. Caracterizado por movimientos estables y bien enraizados, además de las formas simples. Los movimientos son guiados por la mente, haciendo énfasis en la unidad interna y externa de la mente, la forma y la fuerza.

5. El grupo del Tongbi-Pigua. Estilos caracterizados por movimientos abiertos y amplios, los golpes largos y alejados del cuerpo, además de lograr el dominio del oponente en rápidos y concentrados estallidos.

6. El grupo de Imitación Ditang. Un estilo vívido y vital, con muchos saltos y giros como imitación de varios animales.

7. El grupo misceláneo. Incorporación de varios estilos tradicionales del norte. Estos estilos son rápidos, con movimientos ágiles y fluctuantes, motricidad ondulante e inmovilidad y estocadas cortas y largas.

II. Las Dieciocho Armas

Como ya se ha mencionado, el wushu chino implica la práctica con armas, así como las habilidades estándar de lucha a manos libres. La mayoría de estas armas han sido adaptadas de las armas tradicionales, de ahí proviene el término de las "dieciocho armas militares". Este término ya era ampliamente utilizado durante la Dinastía Song (960-1279). La novela de la Dinastía Ming, *Los proscritos del pantano*, lo empleaba con frecuencia. Una versión del libro registra que "las dieciocho armas militares" son la lanza, el mazo, la ballesta larga, la ballesta, el mosquete largo, la cachiporra articulada, la cachiporra, la espada, la cadena, los garfios, el hacha pequeña, el hacha daga, el hacha de batalla, la albarda, el escudo, el bastón, la lanza y el rastrillo.

A las armas que se refería el término "dieciocho armas" variaban de acuerdo con el periodo histórico y la escuela de wushu involucrada. Hoy en día, el término generalmente se refiere a la espada ancha, la lanza, el estoque, la albarda, el hacha pequeña, el hacha de batalla, la pala, la horca, la cachiporra articulada, la cachiporra, el martillo, la grada, el tridente, el bastón, la lanza de filo largo, la vara, el hacha daga y la lanza de filo en ondas.

Este es solamente un término general, ya que las armas militares nunca estuvieron restringidas a únicamente dieciocho formas. Entre las demás armas de uso frecuente se encuentran el dardo de cuerda, la daga Emei, nombrada así en honor de la Montaña Emei, en la provincia de Sichuan, a partir de la cual se originó el estilo, así como la clava de empuñadura doblada y el garfio. Cada categoría también incluye muchos artículos. Por ejemplo, la categoría de la espada ancha incluye a la espada ancha de empuñadura larga, la espada ancha de empuñadura corta, la espada de un filo, la espada de doble filo y la espada de tres puntas y dos bordes. La categoría del bastón se compone del bastón largo, el bastón al nivel de las cejas, el bastón corto, el mayal de mango largo, el mayal de mango corto y el mayal de tres secciones.

Cada arma requiere de habilidades especiales de uso. De acuerdo con las frases clásicas del wushu, "La lanza corta a lo largo de una línea, la vara golpea en una gran rebanada y la espada ancha es como un tigre furioso, el estoque es un dragón vagabundo".

Con frecuencia, cada estilo tiene su propio método de blandir el arma. El bastón, por ejemplo, sin importar el estilo en el que sea practicado, se emplea para estocar, rebanar, rozar y girar en los asaltos largos, y para pinchar, remover, aguijonear y estocar hacia arriba en los combates cerrados. Sin embargo, el bastón de una cabeza, que se utiliza en los estilos de Nan Quan, enfatiza el poder en lugar del floreo, mientras que el bastón a nivel de las cejas se emplea con una gran cantidad de ondeos y florituras.

Actualmente, la gran variedad de armas que se utilizan en la práctica del wushu se clasifican en cuatro grupos:

Armas largas: Más largas que la estatura de una persona. Se deben empuñar con ambas manos durante la práctica. Entre ellas se encuentran la lanza, el bastón, la gran espada ancha, la albarda, la horca, el tridente y la espada.

Armas cortas: De tamaño menor al de una persona. Se pueden empuñar con una sola mano. Entre ellas se incluyen la espada ancha, el estoque, el hacha pequeña, el martillo, la cachiporra, la cachiporra articulada, la daga y el escudo.

Armas ligeras: Cuerdas, cadenas o anillos se utilizan para crear armas articuladas que pueden golpear de cerca o de lejos y que pueden empuñarse en una o en ambas manos. Entre éstas se encuentran la cadena de nueve secciones, el mayal de tres secciones, los martillos voladores, que son dos bolas de hierro unidas por una fuerte cadena del mismo metal, el dardo de cuerda, la garra voladora y el mayal ordinario.

Armas gemelas: En este caso se utilizan dos armas, una en cada mano. Entre estas se incluyen las espadas anchas, los estoques gemelos, los garfios gemelos, las cachiporras gemelas, las clavas dobladas gemelas, las lanzas gemelas, las hachas pequeñas gemelas, las dagas gemelas, las dagas de doble filo, los Panguanbi (varillas gemelas con cabezas en forma de puños) y las hachas de batalla de patos.

III. Métodos de práctica del wushu

Existen muchas formas de práctica del wushu. Las tres principales son: las rutinas de práctica, los duelos de combate y los ejercicios de desarrollo de las habilidades.

Las rutinas del wushu consisten en grupos completos de formas que crean una corriente continua de movimientos que, a veces, pueden llegar a cien. La composición, orden y ritmo difieren en cada rutina, con variaciones en la intensidad y la dificultad técnica del ejercicio. Estas rutinas de práctica pueden ser individuales y ejecutarse a manos libres; rutinas individuales con armas; secuencias de rutinas de duelo implicando combate ficticio entre dos o tres personas tanto armadas como a manos libres, o ambas; y rutinas grupales, a manos libres o con armas, ejecutadas al unísono por cuatro o más personas.

Los duelos de combate son prácticas de combate ejecutadas por dos personas. Sus formas más comunes son:

Combate de estilo libre: Competencias que implican duelos a manos libres, en donde el objetivo es vencer al oponente con patadas y golpes. Los contendientes pueden o no utilizar protección.

Empuje con las manos: Competencia a manos libres en la que los contendientes mantienen un contacto constante a la altura de las muñecas y cuyo objetivo es desalojar al oponente por medio de empujones y jalones. No se permiten patadas, golpes o lucha cuerpo a cuerpo.

Duelo de bastón corto: Cada contendiente empuña un bastón corto envuelto en cuero o en una funda de algodón. Ambos utilizan protecciones y aquel que golpea al oponente es el ganador.

Duelo de bastón largo: Cada contendiente empuña un bastón largo o pértiga de fabricación especial y porta una vestimenta de protección. El primero en golpear a su oponente es el ganador.

Los ejercicios de desarrollo de habilidades son parte del entrenamiento básico de wushu para incrementar la fortaleza y las técnicas fundamentales. Entre éstas, se encuentran los ejercicios con pértiga para permanecer de pie, en los que el ejecutante mantiene cierta postura durante determinado tiempo, y el trabajo de pies, las patadas, estiramientos y caídas. En algunas otras se incluye el uso de aparatos, como los sacos para golpear y el papel de varias capas, para la práctica de golpes, las varillas vibrantes y las pértigas de madera.

IV. El valor del wushu

Una de las características del wushu chino es que, a través de su larga historia, se ha desarrollado de manera constante, ya que es una combinación única de ejercicio saludable, defensa personal práctica, autodisciplina y arte.

1. Un deporte saludable

Hace cerca de 100 años, un maestro de Taiji Quan escribió, en su obra titulada *Canción de las trece posturas*: "Piensa ahora cuidadosamente en el propósito de estas posturas, para lograr longevidad y permanecer joven por siempre."

Lo anterior refleja uno de los propósitos fundamentales del wushu chino. A través de su desarrollo, el wushu ha formado parte en la búsqueda de la salud, tanto en la juventud como en la edad avanzada.

Un grupo de ejercicios de wushu incorpora inmovilidad y movimiento, giros y muchas otras acciones que requieren de diversas habilidades. Sus golpes rápidos y poderosos, y sus ágiles saltos, demandan velocidad, adaptabilidad y vigor. Al mismo tiempo, la necesidad de concentración y determinación estimula la mente y el espíritu.

El Instituto de Cultura Física de Beijing realizó un experimento comparativo referente a la respuesta cardiovascular de un grupo de estudiantes universitarios que practicaban wushu con regularidad y un segundo grupo de estudiantes que no lo hacían. A cada estudiante se le solicitó realizar veinte sentadillas en 30 segundos, y se obtuvieron los siguientes resultados:

		Incremento en pulso	Incremento en presión sistólica
Practicantes de wushu	Hombres	53.57%	13.85%
	Mujeres	59.86%	15.53%
Estudiantes ordinarios	Hombres	61.21%	19.00%
	Mujeres	63.48%	20.15%

El experimento anterior demuestra que el wushu puede mejorar el desempeño del sistema cardiovascular, disminuyendo el rango de pulso y la presión sanguínea.

El valor terapéutico del wushu es incluso más destacado. Esta combinación de wushu y respiración tradicional y ejercicio físico utiliza la mente para guiar el movimiento, manteniendo los músculos tan relajados como sea posible y sin emplear demasiada fuerza. Durante la práctica, la interferencia externa debe ser excluida tan completamente como resulte posible, permitiendo a la mente entrar en un estado de relajación y control. De esta manera, la mente descansará y se recuperará. Al mismo tiempo, los movimientos relajados y controlados permiten que la sangre circule libremente, sin restricciones en las articulaciones congestionadas o en los músculos tensos. La respiración se realiza de manera libre y profunda, mientras que el ejercicio suave estimula gradualmente los órganos internos y el sistema cardiovascular, sin que el ejecutante se sienta exhausto o falto de aliento. De esta manera, la vitalidad, la concentración y la fuerza se desarrollan de manera natural, de acuerdo con la condición del ejecutante, y es especialmente recomendable para los enfermos, los débiles y los ancianos.

Una unidad de investigación en Shanghai realizó un estudio comparativo, de 17 meses de duración, en pacientes con presión sanguínea irregular. Los resultados mostraron que entre el grupo que, además de recibir tratamiento médico, practicó Taiji Quan diariamente, 43% experimentó una significativa recuperación a los niveles saludables de presión sanguínea y 83% logró recuperar el registro de los rangos saludables en el electrocardiograma. Sin embargo, entre el grupo que solamente recibió el tratamiento médico, los resultados fueron de 8% y 20%, respectivamente. La Universidad de Tongji en Shanghai también realizó una investigación en 493 practicantes regulares de Taiji Quan, entre sus maestros y alumnos. Mediante el estudio se descubrió que su vitalidad, vigor, sueño y digestión había mejorado en todos los casos.

2. Habilidades de defensa personal

Históricamente, el wushu estaba relacionado, en primera instancia, con la guerra. Fue un método de entrenamiento desarrollado para la defensa personal. Hoy en día, continúa manteniendo algunas características combativas y algunos estilos todavía hacen énfasis en la práctica y desarrollo de habilidades efectivas de combate.

Los siglos recientes han visto muchos sobresalientes maestros de wushu que han logrado grandes avances en la combinación de habilidades de combate con métodos saludables de entrenamiento, diseñados para entrenar tanto al cuerpo como a la mente y controlar por completo las habilidades naturales del cuerpo.

3. La belleza del wushu chino

El wushu no es solamente una manera de mejorar la salud y la destreza. Su larga asociación con la danza le ha proporcionado una enriquecedora cualidad artística. Al mismo tiempo, su énfasis en la postura, compostura, autocontrol, espíritu y vivaz ejercicio, representa un hermoso efecto en la psique y un efecto positivo en el carácter. Estas cualidades convierten al wushu en wuyi, es decir, habilidad artística marcial.

Históricamente, el wushu ha estado fuertemente relacionado con las artes, particularmente la música y la danza. Desde las lejanas épocas de la Dinastía Zhou (Siglo XI a.C.-221 d.C.), la danza era utilizada como estimulante en la víspera de las batallas. En la Dinastía Tang (618-907) ambas estaban estrechamente entrelazadas. En la Danza de la Victoria Militar del Príncipe Qin, "128 artistas bailaron, portando armaduras y blandiendo albardas".

El famoso pintor Wu Daozi y el calígrafo Zhang Xu, ambos del periodo Tang, recibieron gran inspiración para su trabajo a partir de la danza de la espada que presenciaron. El poeta Du Fu, de la Dinastía Tang, alabó la danza marcial:

> *Los muchos espectadores están grandemente sorprendidos;*
> *conmovidos están incluso el Cielo y la Tierra.*
> *Los movimientos de avance son rayos,*
> *los de retirada son una tormenta rabiosa;*
> *la parada es como agua marina congelada en la claridad del*
> *   amanecer.*

El wushu también puede mejorar la apariencia en gran medida, aportando una psique bien proporcionada, coordinada y ágil, y un espíritu sosegado y vivaz. En las épocas clásicas, los maestros de wushu eran alabados por ser "calmos como una mujer elegante, aunque como fieros tigres si se les molesta".

4. Virtud y destreza

Otra característica del wushu chino es su énfasis en el autocontrol y en el buen carácter. La virtud marcial requiere que la persona ejercite la automoderación, nunca abusar de sus habilidades por gratificación personal o para oprimir a aquellos que son más débiles. La persona debe buscar defender la justicia, permanecer sereno ante la brutalidad y cultivar la modestia y un espíritu de cooperación.

Los monjes del monasterio Shaolín, en la moderna provincia de Henan, legaron los Diez Mandamientos de la práctica de wushu, entre los que se encuentran los siguientes extractos:

"Dejemos que el fortalecimiento del cuerpo y la mente sea el punto de mira principal... la destreza en las artes marciales solamente debe utilizarse para la defensa personal. Como guardia contra la indulgencia en el vigor personal. Como a cualquiera que demuestra placer en provocar conflictos o en hacer gala de una ferocidad desmedida, el ofensor debe ser tratado de la misma manera que se empleará para cualquier persona que ofenda las reglas de esta declaración."

El espíritu de estos monjes, así como de otros maestros de wushu del pasado y de la actualidad, son un modelo para nosotros.

Capítulo 3
INTRODUCCIÓN A ALGUNOS
ESTILOS DE WUSHU

En este capítulo, analizaremos un poco más de cerca a tres de las escuelas más populares del wushu chino: el Chang Quan, el Taiji Quan y el Shaolin Quan. Cada una de ellas se acompaña de una rutina ilustrada para principiantes, con instrucciones para su práctica.

I. Chang Quan

Evolución y características
El nombre Chang Quan se encontró por primera vez en la obra de Qi Jiguang, en donde menciona 32 formas de Chang Quan. Posteriormente, sin embargo, el término Chang Quan se convirtió gradualmente en el nombre de una variedad de escuelas de wushu tradicionales del norte, en lugar de una forma distinta e individual. Por lo tanto, el Chang Quan se refiere ahora a estilos como el Zha Quan, el Hua Quan, el Pao Quan, el Hong Quan, el Hwa Quan, el Fanzi Quan, el Chuo Jiao, el Shaolin Quan y el Tan Tui. Todos ellos cuentan con movimientos fuertes, veloces y extensos, con muchos saltos y giros. En combate, el énfasis radica en tomar la iniciativa en el ataque, dar golpes largos, avanzar y retroceder rápidamente, además de buscar golpear al oponente velozmente. En 1920, el teórico de wushu, Xu Zhedong, describió estos estilos en su obra *Un esquema del wushu chino*:

Todo se centra en la vivacidad y la velocidad; atacar y retroceder velozmente de manera móvil e impredecible, manteniendo al oponente en duda e intentando explotar cualquier oportunidad, con el resultado de que el oponente se encuentre demasiado preocupado como para desarrollar una defensiva eficaz.

Se logra a partir del uso de un rápido avance y retiro, moverse lejos, realizar ataques largos y tomar ventaja en la distancia. Esta es la razón del nombre Chang Quan (Boxeo Extendido o Boxeo Largo).

Después de la fundación de la Nueva China, la Comisión de Cultura Física y Deportes creó nuevas formas de acuerdo con las características comunes de los estilos tradicionales de Chang Quan. Se publicaron materiales didácticos y regulaciones para las competencias, promoviendo el desarrollo y la popularidad del Chang Quan o, como se conoce la forma modificada, el Nuevo Chang Quan.

El Nuevo Chang Quan se caracteriza tanto por los movimientos rápidos y vigorosos como por los lentos. La demanda sobre las articulaciones, músculos y ligamentos crece a medida que progresa la intensidad de los movimientos. Mientras se mantienen las características del estilo tradicional de Chang Quan, el Nuevo Chang Quan es más artístico, suave y estético. Lo anterior ha facilitado que los ejecutantes desarrollen las habilidades y la agilidad necesarias.

El Nuevo Chang Quan se basa en rutinas individuales, a pesar de que también se practican ejercicios básicos y rutinas duales. Las rutinas individuales tienen dos formas:

Rutinas fijas: Existen tres niveles determinados por la Comisión de Cultura Física y Deporte. Cada nivel incorpora formas a manos libres, espada ancha, bastón, lanza y vara. Cada nivel aumenta progresivamente la dificultad con diversos movimientos que requieren de técnicas e intensidades variadas.

Rutinas de estilo libre: El ejecutante selecciona sus propios movimientos manteniendo en mente las especificaciones, nivel y composición de las rutinas. Para los competidores nacionales de wushu, las regulaciones obligan a presentar al menos tres secuencias de patrones de trabajo de manos, cinco patrones principales de trabajo de pies, más de cinco tipos de golpes de puño y de palma, tres secuencias de movimientos y saltos balanceados y cuatro secuencias de métodos de patadas, además de giros y saltos. La rutina completa debe durar no menos de un minuto con veinte segundos.

Junto con el Chang Quan, los estilos tradicionales continúan siendo preservados y se han hecho populares en los años recientes. No existen regulaciones uniformes que gobiernen el contenido, la composición y el nivel de estas rutinas. Lo anterior da rienda suelta a los estilos distintivos de las escuelas tradicionales, como los movimientos flexibles y ágiles del Zha Quan; los golpes rápidos y alternados que caracterizan al Fanzi Quan; y el énfasis en las patadas del Chuo Jiao y el Tan Tui.

Habilidades esenciales
Los elementos esenciales de la práctica del Chang Quan son la postura, la coordinación, la fuerza, la vitalidad, el ritmo y el estilo. Los competidores son evaluados de acuerdo con la precisión con que cumplen con las habilidades requeridas y cómo las combinan en sus rutinas. Los requerimientos son:

Reglas en los movimientos
Los movimientos y posturas del Chang Quan se conocen como el marco de referencia. Dentro de éste se incluyen la postura y la pose que se mantiene entre los movimientos, así como los movimientos en sí mismos.

Las reglas en los movimientos indican que, durante la práctica y competencia, la postura y los movimientos sean correctos. Este es un punto esencial a partir del cual se desarrollan las demás habilidades. Las reglas en los movimientos tienen un valor de 60% de la calificación total durante las competencias.

Una postura correcta significa que los miembros superiores e inferiores, así como el torso, sean conformados de acuerdo con los requerimientos específicos para cada pose, incluyendo las poses de medio aire. Por ejemplo, la postura de reverencia requiere que la pierna delantera esté doblada a 90 grados y que la pierna trasera esté recta. En la postura de montura, la pierna superior se debe colocar en posición horizontal. La postura estándar consiste en que la cabeza esté derecha, el cuello recto, los hombros a su nivel, el pecho hacia afuera, la espalda recta y la cintura baja.

Los movimientos exactos se refieren a las cuatro destrezas básicas de golpear, patear, lanzar y manipular, para inmovilizar al oponente. Cada técnica de combate, avance o retirada, incorporación y descenso, caída y giro, salto o balance, debe ser clara y precisa, es decir, que las manos, los pies, el cuerpo y los ojos trabajen de acuerdo con las reglas. La velocidad, fuerza, altura, estabilidad y volumen deben también realizarse conforme a los requerimientos. Por ejemplo, empujar, martillar, cortar, rebanar y jalar son métodos de ataque en los que se emplea la mano abierta, pero cada uno de ellos es diferente. La dirección del golpe, la fuente de poder y el punto de ataque son todos distintos y deben ser distinguibles de manera precisa. El proverbio del Chang Quan dice: "Puños como estrella fugaz; movimiento de ojos como relámpagos; cintura flexible como serpiente, pies firmes como si estuviesen pegados".

Coordinación

El Chang Quan requiere de una perfecta coordinación entre los ojos, las manos, el cuerpo y los pies, todos los miembros y las articulaciones. Adicionalmente, se deben integrar la concentración, el espíritu, la respiración y la fuerza a los movimientos. Dos términos, frecuentemente asociados con el wushu, son las "tres secciones" y las "seis conformaciones". Las primeras se refieren a la división del cuerpo en las secciones superior, media e inferior, que deben estar completamente coordinadas. El segundo término se refiere a la coordinación de manos y pies, hombros y caderas, codos y rodillas, el espíritu y la mente, la mente y la respiración, y la respiración y la fuerza. Lo anterior expresa la necesidad, esencial para los estilos de wushu, de una unidad completa del cuerpo.

Uso de la fuerza

El wushu hace énfasis en la fuerza. El Chang Quan requiere el uso completo de la fuerza en el combate, una acción precisa y rápida y una coordinación entre la respiración y la fuerza. Los movimientos deben ser decisivos, rápidos, concentrados y repentinos. Sin embargo, el ejecutante debe asegurarse de que su fuerza nunca se haga torpe o inflexible.

Concentración

Se debe desarrollar tanto la forma como el espíritu. La atención del ejecutante debe estar concentrada y el espíritu debe encontrarse alerta y determinado. La expresión de los ojos es crucial y debe estar íntimamente coordinada con el movimiento. Hacia donde se muevan las manos, los ojos deben seguirlas con absoluta concentración. No obstante, la concentración no debe ser expresada a través de la tensión en el rostro, endureciendo el entrecejo, apretando los dientes o con gritos salvajes. La expresión debe permanecer en calma y compostura, mientras que los movimientos son decisivos.

Ritmo claro

El Chang Quan se compone de muchos cambios, yuxtaposición de lo lento y lo rápido, lo inmóvil y lo vigoroso, incorporaciones y caídas y movimientos relajados o tensos. Estas alternancias le dan ritmo fluctuante y vivaz al ejercicio. Sin ritmo, la forma sería torpe y monótona. "Moverse como olas marinas, encumbrarse como una montaña, precipitarse como un mono, descender como una urraca, pararse como un gallo, permanecer recto como un pino, girar como una rueda, inclinarse como un arco; ligero como una hoja de árbol, pesado como una pieza de hierro, moverse tan lentamente como un águila, actuar tan velozmente como el viento". Estas comparaciones describen vívidamente el ritmo del Chang Quan.

Estilo distintivo

Cada forma de wushu despliega un estilo distinto a través de diferentes posturas, técnicas, fuerzas y ritmos. Los movimientos deben ser audaces, ágiles, rápidos y fluidos.

Ejercicios básicos ilustrados

1) Posiciones de las manos

Puño: Los dedos se cierran con fuerza, con el pulgar a través del dedo índice y la segunda articulación del dedo medio (figura 1).

Puntos principales: El plano frontal debe estar parejo y el puño apretado.

Palma: Los cinco dedos juntos con el pulgar doblado hacia la palma. Los otros cuatro dedos permanecen rígidos (figura 2).

Puntos principales: Con el cambio de uso de palma, estire el pulgar hacia afuera para crear una palma en forma de V, junte los otros cuatro dedos para crear una palma de "cordillera".

Formar un garfio: Mantenga juntas las primeras articulaciones de los cinco dedos y la muñeca doblada hacia adentro (figura 3).

Punto Principal: No doble demasiado los dedos.

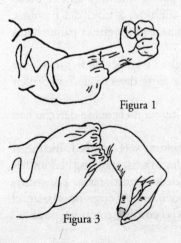

Figura 1

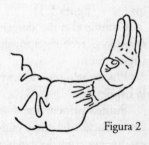

Figura 2

Figura 3

2) Técnica de manos

GOLPE CON EL PUÑO

Mantenga los pies separados, a la distancia de los hombros, y los puños en las caderas con el centro de las palmas hacia arriba (figura 4.1).

Estire hacia afuera el puño derecho, con fuerza, mientras que gira el brazo y el centro de la palma hacia abajo, a nivel del hombro, con la fuerza alcanzando el puño (figura 4.2).

Estire hacia afuera el puño izquierdo mientras gira el centro de la palma hacia abajo; retire el puño derecho hacia la parte derecha de las costillas, con el centro de la palma hacia arriba (figura 4.3).

Practíquelo varias veces.

Puntos principales: Gire la cintura y el hombro al estirar los puños. El pecho debe estar hacia afuera y los brazos rectos. El golpe debe ser rápido y poderoso. Mantenga los puños tan cerca de las costillas como sea posible, y el puño debe dirigirse en línea recta.

GOLPE DE PALMA

Postura de preparación: La misma del golpe con el puño.

Cambie el puño derecho a palma mientras gira el brazo hacia adentro y lo estira hacia adelante, a nivel del hombro. Mantenga los dedos en punta hacia arriba y gire la palma hacia los lados (figura 5.1).

Cambie el puño derecho a palma y golpee de frente. Cierre el puño derecho y apóyelo en la parte derecha de las costillas (figura 5.2).

Practíquelo repetidas veces, alternando la mano derecha con la izquierda.

Puntos principales: Gire la cintura y el hombro, incline el pecho hacia adelante y enderece los brazos, mantenga las muñecas ligeramente dobladas y los dedos hacia arriba. Los movimientos deben ser rápidos y poderosos. Al empujar o jalar, el puño debe moverse tan cerca de las costillas como sea posible.

Riostra de brazo

Postura de preparación: La misma del golpe con el puño (figura 6.1).

Balancee la mano derecha hacia la izquierda y después diríjala hacia arriba de la cabeza, con el primer hueco mirando ligeramente hacia abajo. Mantenga el brazo derecho ligeramente doblado y gire la cabeza hacia la izquierda (figura 6.2).

Balancee la mano izquierda hacia la derecha y después diríjala hacia arriba de la cabeza mientras que baja el puño derecho hasta el lado derecho de las costillas (figura 6.3).

Practíquelo varias veces alternando la mano derecha con la izquierda.

Puntos principales: Los brazos hacia afuera, las muñecas se mantienen hacia abajo, la cabeza en postura recta natural, los hombros hacia abajo y los codos ligeramente doblados.

Exponer la palma

Postura de preparación: La misma que el golpe con el puño.

Abra el puño derecho, balancee el brazo hacia la derecha y elévelo sobre la cabeza, gire la muñeca con la palma hacia arriba, gire la cabeza hacia la izquierda (figura 7.1).

Abra el puño izquierdo, balancee el brazo hacia la izquierda y elévelo sobre la cabeza, gire la muñeca con la palma hacia arriba, gire la cabeza hacia la derecha (figura 7.2).

Practíquelo repetidamente alternando la mano derecha con la izquierda.

Puntos principales: Al girar la palma hacia arriba, mantenga la muñeca hacia abajo, los dedos girados hacia arriba, los hombros bajos y el codo ligeramente doblado. Gire la cabeza al tiempo que gira la muñeca y la palma hacia arriba, lo cual debe realizarse viva y poderosamente.

Formar una mano de garfio y exponer la palma

Postura de preparación: La misma que el golpe con el puño (figura 8.1).

Abra el puño derecho y levántelo hacia adelante del costado

de las costillas, con la palma hacia arriba y los ojos mirando la palma (figura 8.2).

Abra el puño izquierdo, levántelo desde el costado de las costillas y, al mismo tiempo, balancee la mano derecha hacia la izquierda y sobre la cabeza, gire la muñeca y exponga la palma hacia arriba; balancee la mano izquierda levantada hacia la izquierda y luego hacia atrás, cambie la palma para formar un garfio con la mano, los dedos apuntando hacia arriba y los ojos mirando hacia la izquierda (figura 8.3).

Balancee la mano izquierda con garfio desde atrás hasta por sobre la cabeza, gire la muñeca y exponga la palma; jale la mano derecha hasta el costado de la costilla y balancéela hacia la derecha y atrás, cambie la palma para formar un garfio con la mano, los ojos mirando hacia el frente (figuras 8.4-5).

Puntos principales: Al mover los dos brazos, mantenga los hombros bajos y los brazos rectos; gire la cintura a medida que mueve los brazos a la izquierda o la derecha; la palma se expone hacia arriba y forma un garfio girando la mano al mismo tiempo que la cintura y la cabeza.

Balancear las palmas

Postura de preparación: La misma que el golpe con los puños.

Balancee los brazos desde el lado izquierdo al derecho del cuerpo, a nivel de los hombros, con las muñecas bajas, los dedos apuntando hacia arriba y los ojos siguiendo a la mano derecha (figura 9.1).

Balancee los brazos hacia el lado derecho del cuerpo, a nivel de los hombros, con las muñecas bajas, los dedos apuntando hacia arriba y los ojos siguiendo la palma izquierda (figura 9.2).

Puntos principales: Al balancear las palmas, gire la cabeza al mismo tiempo y mantenga los hombros bajos y los brazos rectos.

Rebanar

Postura de preparación: Párese con los pies paralelos, uno con el otro, y cruce los puños al frente (figura 10.1).

Eleve los brazos rectos a la altura de los hombros, ábralos a cada lado del cuerpo, con el lado del pulgar hacia arriba y los ojos mirando hacia el puño derecho (figura 10.2).

Baje los puños, cruce los brazos, elévelos a la altura de los hombros, ábralos a cada lado del cuerpo, los ojos mirando al puño izquierdo (figura 10.3).

Puntos principales: Mantenga los hombros relajados y los brazos rectos. El movimiento de apertura debe ser poderoso y coordinado con el giro de la cabeza.

Figura 4.1

Figura 4.2

Figura 4.3

Figura 5.1

Figura 5.2

Figura 6.1

Figura 6.2

Figura 6.3

Figura 7.1

Figura 7.2

Figura 8.1

Figura 8.2

Figura 8.3

Figura 8.4

Figura 8.5

Figura 9.1

Figura 9.2

Figura 10.1

Figura 10.2

Figura 10.3

41

3) Posturas

Postura de reverencia

Doble la pierna izquierda con los dedos apuntando hacia adelante o ligeramente hacia el centro, las rodillas verticales con los dedos; mantenga la pierna derecha recta con los dedos apuntando hacia afuera; coloque los pies firmemente en el suelo, con ambos talones hacia el centro; coloque las manos en las caderas y mantenga el cuerpo recto y los ojos hacia el frente (figura 11).

Puntos principales: Mantenga la pierna frontal doblada, la pierna trasera recta, el pecho hacia afuera y la cintura baja.

Postura de montar

Párese con los pies paralelos y separados, las rodillas dobladas, eleve una pierna de manera casi paralela con el suelo, las manos o las palmas hacia arriba, los puños apoyados en las caderas y los ojos al frente (figura 12).

Puntos principales: Pecho hacia afuera, cintura baja, cabeza levantada, hombros bajos y rodillas apuntando ligeramente hacia adentro.

Postura de extensión

Mantenga la rodilla izquierda doblada, ambas rodillas apuntando ligeramente hacia afuera, la pierna derecha recta, los dedos apuntando hacia adentro, las manos extendidas o los puños apoyados en las caderas, los ojos mirando hacia el frente (figura 13).

Repetir con el otro lado.

Puntos principales: El pecho hacia afuera, la cintura recta, las caderas bajas, el cuerpo inclinado ligeramente hacia adelante, los pies apoyados firmemente en el suelo.

Postura de paso ligero

Mantenga doblada la pierna izquierda en posición de media sentadilla, con el pie girado hacia afuera unos 45 grados; haga un medio paso con el pie izquierdo, eleve el talón con los dedos tocando ligeramente el suelo, la rodilla doblada y apuntando ligeramente hacia el centro, el peso apoyado en la pierna trasera; las manos en las caderas y la mirada al frente (figura 14).

Repetir con la otra pierna.

Puntos principales: El pecho hacia afuera, la cintura baja, mantenga la pierna frontal ligera y apoye el peso en la pierna trasera, la parte superior del cuerpo inclinada ligeramente hacia el frente.

POSTURA

Párese con las piernas separadas, la parte superior del cuerpo girada hacia la derecha; coloque el pie derecho horizontalmente enfrente del pie izquierdo, doble las rodillas en posición de sentadilla. Con el pie derecho firmemente apoyado en el suelo; eleve el talón izquierdo, los dedos apuntando hacia el frente, los glúteos tan cerca del talón izquierdo como sea posible; las manos o los puños con las palmas hacia arriba, los ojos mirando hacia el frente (figura 15).

Repita con la otra pierna.

Puntos principales: El pecho hacia afuera, la cintura recta, una pierna enfrente de la otra, tan cercanamente como sea posible.

SENTARSE CON LAS PIERNAS CRUZADAS

Párese con las piernas separadas, la parte superior del cuerpo girada hacia la derecha; coloque la pierna izquierda enfrente de la derecha, doble la pierna derecha y siéntese con la parte exterior de la pierna y el pie en el suelo y los glúteos apoyados sobre el talón: estire la pierna izquierda, con todo el pie o la parte exterior del pie en el suelo, mantenga la pierna superior cerca del pecho y la parte superior del cuerpo girada hacia la izquierda, tanto como sea posible; los puños en las caderas o cruzados al frente, los ojos mirando hacia atrás, sobre el hombro izquierdo (figura 16).

Repita con la otra pierna.

Puntos principales: El pecho hacia afuera, la cintura recta, la parte superior del cuerpo girada hacia la izquierda e inclinada ligeramente hacia adelante.

POSTURA DE T

Doble la rodilla derecha en posición de media sentadilla; doble la rodilla izquierda, eleve el talón izquierdo con el dedo pulgar en el suelo, apoye el peso en la pierna derecha, las manos o los puños con las palmas hacia arriba, apoyados en las caderas. Los ojos hacia el frente (figura 17).

Repita con la otra pierna.

Puntos principales: El pecho hacia afuera, la cintura baja y el peso apoyado en una pierna.

POSTURA CRUZADA

Párese con las piernas muy separadas, la parte superior del cuerpo girada hacia la derecha, los dedos del pie derecho apuntando hacia afuera, y la rodilla derecha doblada; estire hacia atrás la pierna izquierda, con los dedos del pie apuntando hacia el frente y el talón elevado; las manos en las caderas o balanceadas hacia atrás, la parte superior del cuerpo girada hacia atrás, hacia el lado derecho y los ojos mirando hacia atrás (figura 18).

Repetir con la otra pierna.

Puntos principales: El pecho hacia afuera, la cintura baja, el cuerpo girado, la pierna frontal doblada y la pierna trasera recta.

Figura 11

Figura 12

Figura 13

Figura 14

Figura 15

Figura 16

Figura 17

Figura 18

4) Trabajo de pies

PASO DE ATAQUE

Postura de preparación: Párese con las piernas separadas, la pierna izquierda enfrente; eleve los brazos horizontalmente, con los dedos apuntando hacia arriba y el cuerpo girado ligeramente hacia la izquierda (figura 19.1).

En sucesión rápida: La pierna frontal doblada, la parte superior del cuerpo inclinada ligeramente hacia adelante, el pie trasero elevado con el pie del frente en el suelo y saltando hacia adelante; estando a medio aire, toque el talón del pie frontal con el empeine del pie trasero (figura 19.2).

Aterrice primero con el pie trasero, los ojos mirando hacia el frente (figura 19.3).

Puntos principales: Al estar a medio aire, mantenga la parte superior del cuerpo y las piernas rectos.

PASO DE SELLO

Postura de preparación: La misma del paso de ataque.

El peso se mueve hacia el frente y el pie derecho elevado (figura 20.1).

Eleve el pie izquierdo y coloque el pie derecho en donde estaba el pie izquierdo, aterrice con el pie izquierdo enfrente del derecho, los ojos mirando hacia el frente (figura 20.2).

Puntos principales: Doble la rodilla al elevar el pie izquierdo y aterrizar con fuerza; mantenga la parte superior del cuerpo recta y un poco hacia atrás.

PASO DE SALTO

Salte hacia el frente, doble la rodilla izquierda horizontalmente, gire el cuerpo hacia la izquierda y eleve las manos (figura 21.1).

Aterrice primero con el pie derecho y el pie izquierdo al frente (figura 21.2).

Puntos principales: La cabeza elevada, la cintura recta, el cuerpo girado y las piernas separadas.

PASO DE ARCO

Postura de preparación: La misma que el paso de ataque.

Dé un paso al frente con el pie derecho, con las palmas abiertas y los brazos al nivel de los hombros, la palma izquierda hacia el frente y la palma derecha hacia atrás (figura 22.1).

La parte superior del cuerpo inclinada ligeramente hacia el frente, con la pierna izquierda dando un paso hacia adelante, los

Figura 19.1

Figura 19.2

Figura 19.3

Figura20.1

Figura 20.2

Figura 21.1

Figura 21.2

Figura 22.1

Figura 22.2

Figura 22.3

Figura 22.4

dedos del pie hacia afuera, el cuerpo girado hacia la derecha y los ojos mirando hacia atrás por encima del hombro derecho (figura 22.2).

Coloque el pie derecho en frente del izquierdo, con los dedos apuntando hacia adentro y sin girar la parte superior del cuerpo (figura 22.3)

Dé un paso hacia la izquierda, con los dedos del pie apuntando hacia afuera y balancee el pie en un arco (figura 22.4).

Puntos principales: El pecho hacia afuera, la cintura ligeramente doblada, las piernas en posición de media sentadilla. El balanceo debe ser estable y en arco, con la parte superior del cuerpo girada ligeramente hacia adentro y la cintura y la cabeza hacia afuera.

5) Habilidades de piernas

Presionar
(A) Presión frontal
Coloque una pierna en una barra, con los dedos apuntando hacia la cabeza; mantenga la otra pierna recta con los dedos del pie apuntando hacia el frente y las manos en la rodilla (figura 23.1).

Incline el cuerpo hacia adelante, con la cabeza tan cerca de los dedos de los pies como sea posible (figura 23.2).

Repita con la otra pierna.

Puntos principales: mantenga rectas la parte superior del cuerpo, las rodillas y la pierna de soporte, los pies flexionados e incline firmemente el cuerpo hacia abajo.

(B) Presión lateral
Párese de costado junto a la barra, coloque una pierna en la barra, con el pie flexionado; mantenga la pierna de soporte recta con el pie paralelo a la barra; del lado de la pierna de soporte, eleve la mano sobre la cabeza y coloque la otra mano al frente del pecho. Flexione el cuerpo hacia el costado, con la cabeza tan cerca de los dedos del pie como sea posible (figura 24).

Repita del otro lado.

Puntos principales: el pecho hacia afuera, las caderas relajadas, la cintura y las piernas rectas y los dedos de los pies hacia atrás.

(C) Presión trasera

Párese dando la espalda a la barra, coloque una pierna en la barra con la planta del pie hacia arriba; eleve las manos sobre la cabeza, doble la espalda y presione hacia atrás, con la cabeza tan cerca del talón como sea posible. Presione con fuerza (figura 25).

Repita con la otra pierna.

Puntos principales: El pecho hacia afuera, la cintura baja, la cabeza elevada, las caderas relajadas, la pierna trasera recta y la pierna de soporte ligeramente doblada.

(D) Presión de posición alta

Igual a las presiones frontal, lateral y trasera. Sólo que la barra debe estar a una altura superior que el nivel de los hombros (figuras 26.1-2).

Puntos principales: para mantener el equilibrio, sosténgase de algo para lograr soporte.

(E) Presión de posición baja (en tres posturas)

Frontal: misma que la presión frontal. Mantenga la pierna de soporte doblada en posición de media sentadilla, la otra pierna estirada hacia el frente, con el talón en el suelo y los dedos del pie hacia arriba (figura 27.1).

Lateral: misma que la presión lateral. Mantenga la pierna de soporte doblada en posición de media sentadilla, la otra pierna estirada hacia un lado, con el talón en el suelo y los dedos del pie hacia arriba (figura 27.2).

Extensión lateral: una pierna doblada en posición de sentadilla y la otra extendida hacia un lado, con la mano sujetando los dedos de los pies, la parte superior del cuerpo presiona hacia abajo, tanto como sea posible (figura 27.3).

Repita con la otra pierna.

Puntos principales: Para la extensión lateral, mantenga la cintura recta, el pecho hacia afuera y ambos pies firmemente apoyados en el piso.

Jalar

(A) Sostener y jalar

Mantenga una pierna recta como soporte, la otra doblada y elevada, con la mano del mismo lado sosteniendo la parte exterior de la rodilla y la otra mano sosteniendo el empeine; mantenga la pierna de arriba pegada al pecho, la pierna de abajo en tensión y los dedos del pie girados hacia adentro, al frente (figura 28).

Puntos principales: la cabeza elevada, la cintura recta, la pierna de soporte en equilibrio y la pierna doblada pegada al cuerpo.

(B) Jalar de frente

Realice la rutina completa de sostener y jalar y después estire la pierna doblada hacia el frente, con los dedos del pie girados hacia adentro (figura 29.1).

Esto también puede practicarse entre dos personas, con una de ellas sosteniendo el talón con una mano, y el hombro con otra, de su compañero. Empuje tanto como sea posible (figura 29.2).

Puntos principales: Los mismos que la Presión Frontal. Al realizar el ejercicio entre dos personas, incremente gradualmente la fuerza al jalar.

(C) Jalar de lado

Doble y eleve una pierna , con la mano del mismo lado sosteniendo el talón desde la parte interior de la pierna baja, mantenga la pierna sobre la cabeza, con la pierna de apoyo recta y equilibrada y la otra mano elevada sobre la cabeza (figura 30.1).

Este ejercicio también puede practicarse entre dos personas, con una de ellas sosteniendo el talón de la otra y presionando de manera lateral (figura 30.2).

Puntos principales: mismos que la presión lateral. Al realizar este ejercicio con la ayuda de otra persona, la fuerza debe aplicarse de manera gradual.

(D) Jalar hacia atrás

Mantenga la pierna de apoyo recta, con las manos sosteniendo la barra y la otra pierna hacia arriba, sostenida en alto por otra persona que debe jalarla hacia atrás (figura 31).

Figura 23.1

Figura 23.2

Figura 24

Figura 25

Figura 26.1

Figura 26.2

Figura 27.1

Figura 27.2

Figura 27.3

Figura 28

Figura 29.1

Figura 29.2

Figura 30.1

Figura 30.2

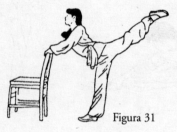

Figura 31

Figura 32

54

Puntos principales: el pecho hacia afuera, la espalda doblada hacia atrás y los dedos del pie en punta.

Split

(A) Split hacia el frente

Coloque las manos en el suelo, a cada lado del cuerpo, o estire los brazos a los lados y separe las piernas hacia el frente, con la parte trasera de la pierna frontal apoyada en el suelo (figura 32).

Puntos principales: El pecho hacia afuera, la cintura recta y las piernas estiradas.

(B) Split lateral

Estire los brazos al frente de ambos lados con las piernas separadas también hacia los lados, la parte interna de las piernas apoyadas en el suelo (figura 33).

Puntos principales: Los mismos que el split frontal.

Patear

(A) Patada frontal

Postura de preparación: Párese con las piernas juntas, levante los brazos hacia los lados, a nivel de los hombros, con la parte superior del cuerpo recta y los ojos hacia el frente (figura 34.1).

Dé medio paso hacia el frente con el pie derecho, patee con el pie izquierdo a nivel de la frente, con los dedos de los pies girados hacia arriba y los ojos al frente (figura 34.2).

Baje el pie izquierdo con el empeine tenso, toque ligeramente el suelo con el dedo gordo del pie izquierdo y dé medio paso hacia adelante, patee con el pie derecho elevándolo a nivel de la frente.

Repita con la pierna derecha.

Puntos principales: el pecho hacia afuera, las caderas tensas; la parte superior del cuerpo, la cintura y las piernas rectas; patee con fuerza y baje el pie suavemente.

(B) Patada diagonal

Igual que la patada frontal. Patee diagonalmente, con los dedos girados hacia adentro (figura 35).

Puntos principales: Los mismos que la patada frontal.

(C) Patada lateral

Postura de preparación: La misma que en la patada frontal.

Dé medio paso hacia adelante con el pie derecho, levante el talón izquierdo, gire la parte superior del cuerpo hacia la derecha, estire el brazo izquierdo hacia adelante y el brazo derecho hacia atrás (figura 36.1).

Gire los dedos del pie izquierdo hacia adentro y patee lateralmente, a la altura del oído izquierdo, con la mano derecha elevada sobre la cabeza y la palma izquierda en la parte derecha del cuerpo (figura 36.2).

Repita con la pierna derecha.

Puntos principales: El pecho hacia afuera, la cintura recta, las caderas relajadas, la parte superior del cuerpo hacia un lado, pero permanece recta.

(D) Balanceo de la pierna hacia afuera

Postura de Preparación: La misma que la patada frontal.

Dé medio paso hacia adelante con el pie derecho, patee diagonalmente hacia el lado derecho, los dedos del pie girados hacia adentro (figura 37.1).

Balancee el pie izquierdo desde el frente hacia el lado izquierdo, con la palma de la mano golpeando suavemente la parte exterior del pie izquierdo (figuras 37.2-3).

Baje el pie izquierdo, dé medio paso hacia el frente con el pie izquierdo y balancee el pie derecho hacia el lado.

Puntos principales: El pecho hacia afuera, la cintura baja, las caderas relajadas, y balancee el pie tan fuertemente como sea posible, para describir un círculo.

(E) Balanceo de la pierna hacia adentro

Postura de preparación: La misma que la patada frontal.

Dé medio paso al frente con el pie derecho, balancee el pie izquierdo hacia arriba en arco de izquierda a derecha, con los dedos del pie hacia adentro (figura 38.1).

Balancee el pie elevado en arco hacia la derecha con la suela del zapato hacia adentro y dé una palmada a la suela del zapato izquierdo con la mano derecha (figura 38.2).

Coloque el pie izquierdo en el suelo, en el lado de afuera del

Figura 33

Figura 34.1

Figura 34.2

Figura 35

Figura 36.1

Figura 36.2

Figura 37.1

Figura 37.2

Figura 37.3

Figura 38.1

Figura 38.2

Figura 38.3

pie derecho (figura 38.3), dé medio paso hacia adelante y repita toda la rutina con el pie derecho.

Puntos principales: los mismos que el balanceo de pierna hacia afuera.

(F) Disparo de pierna

Postura de preparación: Las manos en las caderas, las piernas rectas y juntas.

Dé medio paso hacia adelante con el pie izquierdo, eleve la pierna derecha con la rodilla doblada hasta que la rodilla esté a una altura un poco mayor que la cintura, baje rápidamente la rodilla derecha, tense el pie derecho, patee hacia adelante, por encima del nivel de la cintura y mantenga derechas la pierna superior y la inferior (figuras 39.1-2).

Repita con la pierna izquierda.

Puntos principales: el pecho hacia afuera, la cintura y las rodillas rectas, la patada debe ser rápida y la fuerza de la patada se extiende hasta los dedos del pie.

(G) Patada lateral

Postura de preparación: Las piernas cruzadas en posición de media sentadilla, con las manos en las caderas o cruzadas al frente. (figura 40.1).

Eleve la pierna del frente con la rodilla doblada y los dedos del pie hacia adentro, estire los brazos al patear hacia el lado, por encima del nivel del hombro, con la parte superior del cuerpo inclinada a un lado y los ojos mirando hacia el pie elevado (figura 40.2). Practique con ambos lados.

Puntos principales: Rodillas rectas, la pierna se eleva alto, la fuerza de la patada se extiende hacia el talón, la parte exterior del pie hacia arriba y la pierna de soporte equilibrada.

Barrido de pierna

(A) Barrido de pierna frontal

Postura de preparación: párese con las piernas muy separadas.

Mantenga la pierna derecha doblada, la parte superior del cuerpo y los brazos girados hacia la derecha y la cabeza hacia la izquierda (figura 41.1).

Mantenga la rodilla izquierda doblada, el talón elevado y la suela frontal firmemente apoyada en el suelo; estire hacia afuera la pierna derecha, manténgala recta con los dedos de los pies hacia adentro y la planta del pie en el suelo; barra el suelo con el pie derecho, de derecha a izquierda en forma de arco, mientras gira la parte superior del cuerpo hacia la izquierda, con la palma izquierda hacia arriba, sobre la cabeza; forme un garfio con la mano derecha en la parte trasera; los ojos hacia adelante al girar el cuerpo (figuras 41.2-3).

Puntos principales: Siempre mantenga la pierna derecha extendida, el pecho hacia afuera, la espalda recta, la cabeza elevada con naturalidad, los hombros bajos y la cintura en torsión hacia la izquierda, tanto como sea posible.

(B) Barrido de pierna posterior

Postura de preparación: Mantenga la rodilla izquierda doblada y las palmas empujando hacia el frente (figura 42.1).

Mantenga la rodilla izquierda en posición de sentadilla, los dedos del pie hacia adentro, la pierna derecha extendida, la parte superior del cuerpo inclinada hacia adelante y girada hacia la derecha, las palmas colocadas en el suelo, cerca de la rodilla derecha (figura 42.2).

Coloque las dos palmas en el suelo para lograr soporte, gire la parte superior del cuerpo y haga una torsión con la cintura hacia la derecha, tanto como sea posible, y barra el suelo con la pierna derecha, de derecha a izquierda formando un arco, en la parte posterior del cuerpo (figuras 42.3-4).

Puntos principales: Cuerpo en torsión, las manos apoyadas en el suelo, el giro de la cintura debe ser consistente y el barrido debe ser rápido y poderoso.

Habilidades de los hombros

(A) Presión de hombros

Colóquese a un paso de distancia de la barra, viéndola de frente, y separe las piernas, la parte superior del cuerpo inclinada, las manos sujetando la barra. Presione hacia abajo, tan fuertemente como sea posible (figura 43).

Figura 39.1

Figura 39.2

Figura 40.1

Figura 40.2

Figura 41.1

Figura 41.2

Figura 41.3

Figura 42.1

Figura 42.2

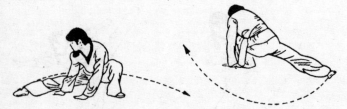

Figura 42.3

Figura 42.4

Figura 43

Puntos principales: los brazos estirados hacia el frente, las piernas rectas, incremente gradualmente la fuerza, el pecho hacia afuera, la cintura baja, con el punto de presión en los hombros.

(B) Balanceo de brazo en círculo completo

Párese con las piernas separadas, balancee los brazos en círculos, en el sentido de las manecillas del reloj, es decir, de derecha a izquierda, y gradualmente incremente la velocidad del giro (figura 44.2).

(C) Balanceo cruzado

Párese con las piernas separadas, los brazos levantados sobre la cabeza; balancee el brazo izquierdo del frente hacia atrás formando un arco; balancee el brazo derecho de atrás hacia adelante formando un arco (figuras 44.1 y 44.3).

Practique con ambos brazos en diferentes direcciones.

Puntos principales: Los hombros relajados y torsión en la parte superior del cuerpo.

(D) Floreo de brazos

Postura de preparación: Párese con las piernas muy separadas y brazos elevados hacia los lados (figura 45.1).

La parte superior del cuerpo gira hacia la derecha, el brazo izquierdo elevado sobre la cabeza y balancee hacia el frente formando un arco; el brazo derecho se balancea hacia la parte posterior (figura 45.2).

La parte superior del cuerpo gira hacia la izquierda, con los ojos mirando hacia el frente; balancee el brazo derecho hacia arriba y hacia la derecha en forma de arco; balancee el brazo izquierdo desde abajo hacia la parte posterior (figura 45.3).

La parte superior del cuerpo gira hacia la izquierda, con los ojos mirando hacia el frente, balancee el brazo derecho desde abajo hacia el frente y la izquierda formando un arco, y balancee el brazo izquierdo hacia arriba y hacia la parte posterior (figura 45.4).

La parte superior del cuerpo gira hacia la izquierda, con los ojos mirando hacia adelante, balancee el brazo derecho desde arriba y hacia la derecha, y balancee el brazo izquierdo desde abajo y hacia la izquierda (figura 45.5).

La parte superior del cuerpo gira hacia la derecha, balancee el brazo derecho desde abajo hacia la parte trasera y balancee el brazo izquierdo desde arriba y hacia el frente (figura 45.6).

Mantenga en torsión la parte superior del cuerpo y balanceando los brazos. Los dos brazos deben moverse siempre en direcciones opuestas.

Puntos principales: La torsión del cuerpo debe dar impulso al balanceo del brazo; mantenga los hombros relajados, los brazos estirados, el cuerpo flexible y coordinado con el balanceo de los brazos.

HABILIDADES DE LA CINTURA

(A) Inclinarse desde la cintura

Párese con las piernas juntas y las palmas de las manos entrelazadas por encima de la cabeza. Las palmas hacia arriba (figura 46.1).

Inclínese con las palmas intentando llegar al suelo (figura 46.2).

Sostenga los tobillos con ambas manos y aproxime la cabeza y el pecho a las piernas (figura 46.3).

Puntos principales: Las piernas rectas sin doblar las rodillas, el pecho hacia afuera, la cintura baja y las caderas tensas.

(B) Balanceo de cintura

Párese con las piernas separadas y balancee la parte superior del cuerpo y los brazos al mismo tiempo, desde la izquierda, hacia atrás, hacia la derecha y hacia el frente. Al mismo tiempo, balancee la cintura en la misma dirección del balanceo de los brazos (figura 47).

Al practicarlo, haga balances por turnos en direcciones opuestas.

Puntos principales: El balanceo de los brazos debe dar impulso al balanceo del cuerpo y debe ser consistente; agregue fuerza y velocidad gradualmente al balanceo.

(C) Torsión de cintura

La parte superior del cuerpo inclinada hacia el frente, con la pierna izquierda hacia la parte posterior, detrás de la pierna derecha, los brazos se balancean hacia la derecha (figura 48.1).

Figura 44.1

Figura 44.2

Figura 44.3

Figura 45.1

Figura 45.2

Figura 45.3

Figura 45.4

Figura 45.5

Figura 45.6

Figura 46.1

Figura 46.2

Figura 46.3

Utilizando las plantas de los pies frontales como eje, haga una torsión con la cintura, gire la parte superior del cuerpo hacia la izquierda, doble hacia atrás la espalda y balancee los brazos fuertemente hacia la izquierda (figura 48.2).

Gire el cuerpo hacia la izquierda y balancee los brazos hacia la izquierda, con el pecho y el estómago hacia adentro (figura 48.3).

Gire la cintura hacia la derecha y gire la parte superior del cuerpo hacia la derecha, usando las plantas frontales de los pies como ejes.

Puntos principales: Al hacer torsiones con la cintura, presione hacia abajo los pies con el pecho y el estómago hacia afuera. El movimiento debe ser rápido y poderoso.

SALTOS

(A) Patada en el aire

Postura de preparación: Párese con el pie izquierdo tocando ligeramente el suelo y eleve los dos brazos con las palmas de las manos hacia adelante y hacia atrás (figura 49.1).

Dé medio paso al frente con el pie izquierdo y otro paso al frente con el pie derecho, con las rodillas dobladas (49.2).

Salte con la rodilla izquierda doblada o recta, balancee la pierna izquierda hacia arriba y patee a medio aire, balancee los brazos hacia el frente, hasta llegar arriba de la cabeza y palmee rápidamente el dorso de la mano derecha con la palma izquierda (figura 49.3).

Al encontrarse a medio aire, balancee la pierna derecha hacia adelante y patee con el empeine estirado fuertemente, la mano derecha palmea rápidamente el empeine derecho, retire la rodilla izquierda y dóblela cerca del pecho, con los dedos del pie apuntando hacia abajo; balancee la mano izquierda hacia la izquierda, con la parte superior del cuerpo inclinada ligeramente hacia adelante. Los ojos miran hacia adelante (figura 49.4).

Puntos principales: Mantenga el pecho hacia afuera, la cintura recta, el balanceo del pie derecho debe llegar más alto que el nivel de la cintura.

(B) Patada de torbellino

Postura de preparación: La misma de patear en el aire.

Dé un paso hacia el frente con el pie derecho, los dedos del pie hacia adentro y el cuerpo girado hacia la izquierda e inclinado hacia adelante para saltar (figura 50.1).

Balancee los brazos hacia la izquierda sobre la cabeza, salte y gire la parte superior del cuerpo hacia la izquierda en forma de círculo mientras eleva la pierna izquierda y la balancea hacia la izquierda; eleve la pierna derecha, girada ligeramente hacia la izquierda y dé un golpe suave en el empeine del pie derecho con la mano izquierda al frente (figura 50.2).

Describa un círculo completo con la parte superior del cuerpo y aterrice con el pie izquierdo, seguido por el pie derecho.

Puntos principales: Todos los movimientos se deben coordinar unos con otros. Al saltar en el aire, mantenga la cabeza alta en posición natural, la cintura recta, el balanceo de las piernas debe ser fuerte y sin límite y se deben dar palmadas a los pies al frente.

(C) Balanceo en el aire

Salte con el pie derecho, eleve los brazos con la palma derecha hacia el frente y la palma izquierda hacia atrás, incline ligeramente la parte superior del cuerpo y gírelo hacia afuera (figura 51.1).

Aterrice con el pie derecho, seguido por el izquierdo, dé un paso hacia el frente con el pie derecho formando un arco, los dedos del pie hacia afuera, bajando el cuerpo e inclinando ligeramente la parte superior del cuerpo hacia atrás (figuras 51.2-3).

Salte con el pie derecho, patee al lado derecho con la pierna izquierda y balancee los brazos sobre la cabeza (figura 51.4).

Al estar a medio aire, gire el cuerpo hacia la derecha balanceando la pierna izquierda hacia afuera; palmee el empeine del pie derecho, primero con la mano izquierda y después con la mano derecha; doble la pierna izquierda hacia el pecho o manténgala recta y balancee hacia la izquierda con la parte superior del cuerpo ligeramente inclinada hacia el frente (figura 51.5).

Puntos principales: El paso hacia el frente debe ser en forma de arco, el salto con el pie derecho debe ser fuerte, los dedos de los pies girados hacia afuera y coordinados con todos los movimientos, como la torsión de la cintura y el giro del cuerpo; al balancear hacia afuera con la pierna derecha, el balanceo debe ser fuerte e ilimitado, y la pierna izquierda debe estar ligeramente doblada o recta al lado, palmee los pies al frente.

(D) Giros

Postura de preparación: Párese con las piernas separadas.

Balancee la cintura y los brazos hacia la derecha, con la parte superior del cuerpo girada hacia la derecha e inclinado ligeramente hacia el frente (figura 52.1).

Mueva el peso del cuerpo hacia la izquierda, incline la parte superior del cuerpo hacia el frente y gire hacia la izquierda y hacia la parte trasera (figura 52.2).

Salte con el pie izquierdo, estire hacia afuera los brazos hacia la parte trasera y gire la pierna derecha hacia atrás y hacia la derecha (figura 52.3-4).

Gire a medio aire, el cuerpo paralelo al suelo (figura 52.5).

Aterrice primero con el pie derecho y mantenga girando el cuerpo con lasuela del pie derecho como eje (figura 52.6).

Puntos principales: girando, describa un círculo completo en el aire, con la cintura doblada, el pecho hacia afuera, la cintura baja y las piernas balanceándose en turnos hacia la derecha y hacia la parte trasera.

Equilibrio

(A) Equilibrio con rodilla elevada

Párese con las manos en las caderas, una pierna recta y la otra levantada y doblada al frente, los dedos de los pies apuntan hacia abajo y hacia adentro (figura 53).

Puntos principales: Mantenga equilibrada y recta la pierna de soporte, la cabeza levantada, la parte superior del cuerpo y la cintura rectas, los hombros bajos y la pierna levantada debe estar tan doblada como sea posible.

(B) Equilibrio de golondrina

Párese con una pierna como soporte y la otra elevada, las manos cruzadas al frente. Incline hacia el frente la parte superior del cuerpo, estire la pierna hacia atrás y los brazos estirados hacia los lados (figura 54).

Puntos principales: Mantenga equilibrada y recta la pierna de soporte, estire la pierna hacia atrás, tan alto como sea posible, con los dedos de los pies en punta, la rodilla derecha, el pecho hacia afuera, la cintura baja y la cabeza elevada.

(C) Equilibrio mirando a la luna

Párese con un pie como soporte, estire el otro hacia atrás, la rodilla doblada y los dedos del pie en punta; incline la parte superior del cuerpo hacia el frente y gire el cuerpo hacia el lado de la pierna de soporte, los brazos levantados a cada lado del cuerpo, los ojos mirando hacia atrás (figura 55).

Puntos principales: Mantenga equilibrada la pierna de soporte, la cintura en torsión, el cuerpo girado, la cabeza elevada, el pecho hacia afuera y la pierna de arriba muy elevada.

Ejercicio combinado para cinco tipos de pasos

(A) Postura de preparación: Párese con los pies juntos, los puños en las caderas y las palmas hacia arriba (figura 56).

(B) Golpear en postura de reverencia

Dé un paso hacia la izquierda con la rodilla doblada, en postura de reverencia, y haga un movimiento de barrido a nivel con la mano izquierda y regrésela a la cadera. Después golpee hacia el frente con el puño derecho, los ojos hacia el frente (figura 57).

(C) Patear y golpear

Mueva el peso corporal hacia adelante, pateando al frente con el pie derecho mientras golpea hacia el frente con el puño izquierdo, desde la cadera con el hueco del puño hacia abajo, el puño derecho en la cadera y los ojos mirando al frente (figura 58).

(D) Golpear con postura de montar

Gire la parte superior del cuerpo hacia la izquierda, las rodillas dobladas, las piernas separadas en posición de media sentadilla; eleve la palma izquierda sobre la cabeza, el codo ligeramente doblado; golpee con el puño derecho hacia el lado derecho, la cabeza hacia la derecha, los ojos siguiendo al puño derecho (figura 59).

Figura 47

Figura 48.1

Figura 48.2

Figura 48.3

Figura 49.1

Figura 49.2

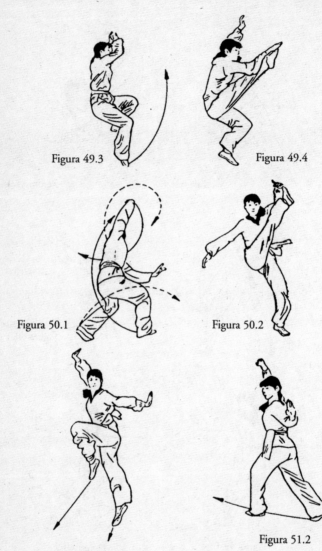

Figura 49.3

Figura 49.4

Figura 50.1

Figura 50.2

Figura 51.1

Figura 51.2

Figura 51.3

Figura 51.4

Figura 51.5

Figura 52.1

Figura 52.2

Figura 52.3

Figura 52.4

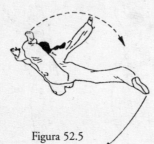

Figura 52.5

Figura 52.6

Figura 53

Figura 54

Figura 55

Figura 56

Figura 57

Figura 58

Figura 59

Figura 60.1

(E) Golpe con la palma en postura de descanso

Coloque el pie izquierdo detrás del derecho mientras gira la parte superior del cuerpo hacia la izquierda; cambie el puño derecho a palma y golpee desde encima de la cabeza hacia abajo al lado izquierdo; cambie la palma izquierda a puño y colóquela en la cadera (figura 60.1). Doble la rodilla en postura de descanso, golpee hacia el frente con el puño izquierdo; convierta la palma derecha en puño y colóquelo en la cadera, con los ojos siguiendo el puño izquierdo (figura 60.2).

(F) Elevar la rodilla y estocar

Gire la parte superior del cuerpo hacia la izquierda; convierta el puño derecho en palma, estoque a la izquierda, diagonalmente, pasando el dorso de la mano izquierda con la palma ha-

Figura 60.2

Figura 61

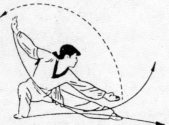

Figura 62

Figura 63

Figura 64

cia arriba. Al mismo tiempo, convierta el puño derecho en palma, retírela hacia la axila con la palma hacia abajo, doble la rodilla izquierda y eleve la pierna izquierda con los ojos siguiendo la palma derecha (figura 61).

(G) Estocar con postura extendida

Doble la rodilla derecha en postura de sentadilla y extienda la pierna izquierda; estoque con la mano izquierda desde el lado interno de la pierna izquierda, con los dos brazos en línea y los ojos siguiendo la palma izquierda (figura 62).

(H) Elevar la palma con postura vacía

Doble la pierna izquierda en postura de reverencia, coloque el pie derecho hacia el frente, los dedos del pie tocando el suelo y el talón elevado; levante la palma izquierda sobre el nivel de los hombros y hacia la parte trasera, formando un arco, con los dedos apuntando hacia arriba y los ojos mirando hacia el frente (figura 63).

(I) Postura final

Párese con los pies juntos y los puños en las caderas (figura 64).

Veinticuatro gestos del Lianhuan Chang Quan

Postura de preparación:

Párese con los pies juntos, las manos a cada costado, los dedos juntos y los ojos mirando hacia el frente (figura 1).

Coloque los puños sobre las caderas, con el centro de las palmas hacia arriba, la cabeza girada hacia la izquierda y los ojos mirando al frente (figura 2).

Puntos principales: Mantenga el pecho hacia afuera, la cintura derecha, la cabeza elevada y el estómago hacia adentro. Coloque los puños en las caderas al mismo tiempo que gira la cabeza.

ESTAMPAR EL PIE Y GOLPEAR EL PUÑO

Eleve la pierna derecha y doble la rodilla; levante el puño derecho, cambie el puño izquierdo a palma y estírela hacia abajo, con los ojos mirando al frente (figura 3).

Estampe el pie derecho y colóquelo cerca del izquierdo; doble las rodillas mientras golpea el puño derecho en el centro de la palma izquierda, frente al pecho, con los ojos mirando hacia abajo (figura 4).

Puntos principales: Eleve el pie derecho a nivel de la rodilla. Estampar el pie y golpear el puño deben ser simultáneos. Articule un sonido al mismo tiempo.

Perforar con el puño en postura de paso ligero

Lleve el pie derecho hacia atrás, a la derecha, estire la palma izquierda hacia el frente con el pulgar hacia abajo y el centro de la palma hacia afuera y jale; retire el puño derecho hacia atrás, hacia la cadera derecha, con la palma hacia arriba (figura 5).

Cambie el peso del cuerpo hacia la pierna derecha y retire el pie izquierdo con el dedo pulgar del pie tocando el suelo; mantenga las piernas rectas con la pierna frontal ligera y la pierna trasera equilibrada, para formar una postura de paso ligero izquierdo. Al mismo tiempo, gire la parte superior del cuerpo hacia la izquierda, balancee la palma izquierda hacia la izquierda en un arco hacia la cadera, formando un puño; estoque el puño derecho hacia la derecha y hacia adelante formando un arco y deténgalo frente al hombro derecho, con el lado del pulgar diagonalmente hacia abajo; gire la cabeza hacia la izquierda con los ojos mirando al frente, hacia la izquierda (figura 6).

Puntos principales: Mantenga el pecho hacia afuera, el estómago adentro, la cabeza levantada, las rodillas rectas y los dedos del pie izquierdo apuntando hacia adentro. Gire la cabeza y la cintura al mismo tiempo que estoca con el puño.

Golpear en postura de reverencia

Dé un paso hacia adelante y hacia la izquierda, con las rodillas dobladas en postura de media montura; doble el codo izquierdo con el puño un poco más alto que el nivel del hombro y los nudillos hacia arriba; coloque el puño derecho en la cadera con la palma hacia arriba y los ojos siguiendo el movimiento del puño izquierdo (figura 7).

Incline ligeramente la parte superior del cuerpo hacia el frente, con la rodilla izquierda doblada y la pierna derecha recta, en postura de reverencia; golpee con el puño derecho desde la cadera, con el lado de la palma hacia abajo, a nivel del hombro; retire el puño izquierdo hacia la cadera, con la palma hacia arriba y los ojos siguiendo el movimiento del puño derecho (figura 8).

Puntos principales: Al golpear, gire con fuerza la cintura y los hombros, siguiendo la dirección del puño. Al estar en la postura de reverencia, mantenga la pierna trasera tan recta como sea posible, sin separar el talón del suelo; mantenga doblada la pierna frontal, con la rodilla y los dedos del pie en la misma línea.

PATEAR Y GOLPEAR

Levante la pierna derecha, con la rodilla doblada, los dedos del pie en punta. Patee fuertemente hacia el frente a nivel del hombro; golpee con el puño izquierdo al frente, los ojos mirando hacia el frente (figura 9).

Puntos principales: Patee con fuerza, la rodilla derecha y la pierna de soporte ligeramente doblada.

GOLPEAR EN POSTURA DE MONTAR

Mueva el pie derecho hacia el frente, con los dedos hacia adentro, la parte superior del cuerpo girada hacia la izquierda y las rodillas dobladas en postura de montar y, al mismo tiempo, golpee con el puño derecho hacia la derecha, con el hueco del puño hacia arriba; retire el puño izquierdo hacia la cadera, con el lado de la palma hacia arriba. Los ojos siguen al puño derecho (figura 10).

Puntos principales: Al estar en postura de montar, coloque el peso del cuerpo equitativamente en ambas piernas; los pies deben estar paralelos uno con el otro, los talones se impactan hacia afuera, las rodillas hacia adentro, el pecho afuera, la cintura baja y la cabeza levantada.

Barrido con el pie y golpe

Dé un paso hacia atrás con el pie izquierdo hacia el lado derecho del otro pie, mientras balancea la palma derecha hacia el frente; después, retire la palma derecha hacia la cadera; cambie el puño izquierdo a palma, estire la palma izquierda debajo del brazo derecho mientras la gira. El centro de la palma debe mirar hacia arriba, y jale (figura 11).

Barra hacia atrás con el pie derecho para formar una postura izquierda de reverencia mientras golpea con la palma derecha hacia adelante, con la palma hacia la izquierda; retire el puño izquierdo hacia la cadera, los ojos mirando la palma derecha (figura 12).

Puntos principales: Al barrer el pie y jalar la mano, mantenga en mente la idea de atar y defenderse, barra con el peso del cuerpo apoyado en el talón, golpee con la fuerza aplicada en la base de la palma. La cintura y las piernas también deben cargar el impulso del movimiento.

Girar el cuerpo y patear

Gire la parte superior del cuerpo hacia la derecha, sobre el talón izquierdo y la planta derecha, eleve el brazo derecho y balancéelo de frente hacia atrás, cambie el puño izquierdo a palma y elévela sobre la cabeza (figura 13).

Continúe balanceando los brazos. Eleve la palma derecha sobre la cabeza, con la palma hacia arriba; extienda la mano izquierda hacia atrás para formar un garfio, con la muñeca doblada hacia arriba y los dedos juntos; patee fuertemente con el pie izquierdo hacia la frente, con el pie flexionado (figura 14).

Puntos principales: Balancee los brazos en círculos completos, con los hombros relajados. La patada debe ser precisa y rápida, el estómago hacia adentro, la cabeza baja y la cintura doblada.

Salto hacia el frente

Dé un paso hacia adelante con el pie izquierdo, doble las rodillas, con la parte superior del cuerpo inclinada hacia adelante, balancee la mano derecha hacia la izquierda y estire la mano

Figura 1

Figura 2

Figura 3

Figura 4

Figura 5

Figura 6

Figura 7

Figura 8

Figura 9

Figura 10

Figura 10

Figura 11

Figura 12

Figura 13

Figura 14

Figura 15

Figura 17

Figura 16

Figura 18

83

izquierda hacia atrás, con ambas palmas hacia adentro, los ojos siguiendo la mano izquierda (figura 15).

Eleve la pierna derecha con la rodilla doblada, salte hacia el frente con la pierna izquierda recta mientras eleva los brazos en arco, con la cabeza levantada, el pecho hacia afuera y los ojos siguiendo la palma derecha (figura 16).

Aterrice primero con el pie derecho, con la rodilla doblada en posición de sentadilla; estire la pierna izquierda hacia la izquierda; cambie la palma derecha a puño y colóquelo en la cadera, balancee el brazo derecho en arco desde arriba de la cabeza hacia la izquierda y después al lado derecho del pecho, con los dedos apuntando hacia arriba y los ojos mirando hacia la izquierda (figura 17).

Puntos principales: El salto debe ser largo y alto, el aterrizaje debe ser suave y ligero y estire rápidamente las piernas.

GOLPEAR EN POSTURA DE REVERENCIA

Doble la rodilla izquierda y estire hacia atrás la pierna derecha; balancee el brazo izquierdo horizontalmente en arco hacia la cadera; golpee con el puño derecho hacia el frente, desde la cadera, con el lado de la palma hacia abajo y los ojos siguiendo al puño derecho (figura 18).

Puntos principales: Golpee rápida y poderosamente y mueva la cintura y la pierna al mismo tiempo.

PALMADA EN EL PIE Y GOLPE

Párese con la pierna izquierda como soporte, estire el pie derecho y patee hacia el frente a nivel del hombro; cambie el puño izquierdo a palma y palmee el empeine del pie derecho; retire el puño derecho hacia la cadera (figura 19).

Después de palmear el empeine, aterrice con el pie derecho para hacer una postura izquierda de reverencia; cambie la palma izquierda a puño y colóquelo en la cadera, golpee con el puño derecho hacia el frente (figura 20).

Puntos principales: Palmee el pie de manera precisa y rápida, con la pierna de soporte ligeramente doblada.

Patada lateral con manos enroscadas

Coloque el pie derecho frente al izquierdo, con los dedos y la parte superior del cuerpo girados hacia la derecha, las piernas cruzadas, las rodillas dobladas en postura sentada y la palma izquierda en la muñeca derecha; gire el antebrazo derecho hacia afuera, cambie el puño derecho a palma, cierre los dedos para formar un puño, retire las manos al costado de la cadera derecha (figura 21).

Incline la parte superior del cuerpo hacia la derecha, eleve la pierna izquierda y doble la rodilla, con el pie flexionado y girado hacia adentro; patee con fuerza hacia la izquierda, sobre el nivel del hombro, los ojos siguiendo al pie izquierdo (figura 22).

Puntos principales: el paso, el giro y colocar la palma en la muñeca se realizan al mismo tiempo. Al patear, mantenga la pierna de soporte ligeramente doblada, la parte superior del cuerpo girada a un lado, patee aplicando la fuerza a la planta del pie.

Rebanar en postura de reverencia

Eleve el pie izquierdo y colóquelo frente al derecho, con el peso del cuerpo hacia adelante; gire la palma izquierda hacia afuera y balancee hacia el frente formando un arco (figura 23).

Dé un paso hacia el frente para conformar una postura derecha de reverencia, mientras balancea la palma derecha desde atrás hacia el frente, a nivel de la cabeza, con la palma diagonalmente hacia arriba; gire la palma izquierda hacia afuera y estire para sostener el brazo derecho al frente, con los ojos mirando hacia la palma derecha (figura 24).

Puntos principales: balancee los brazos en círculo diagonal. La cintura debe dar fuerza al hombro, y el hombro a los brazos y las palmas.

Balanceo y golpe en postura de descanso

Lleve el pie izquierdo hacia el frente, con los dedos hacia adentro; gire el cuerpo rápidamente hacia la derecha, con las plantas de los pies como ejes y, al mismo tiempo, balancee los puños hacia el frente y hacia atrás (figura 25).

Mantenga girando la parte superior del cuerpo hacia la derecha, con las piernas cruzadas y las rodillas dobladas para formar una postura de descanso; mientras gira el cuerpo, balancee los brazos en círculo completo, estoque el puño izquierdo hacia el frente bajo por encima del pie derecho, con la palma hacia arriba; eleve el brazo derecho hacia atrás, por encima de la cabeza, con la palma diagonalmente hacia arriba, los ojos siguiendo el puño izquierdo (figura 26).

Puntos principales: al estar en postura de descanso, coloque un pie frente al otro de manera paralela en el suelo; mantenga el pie trasero apuntando hacia afuera y el talón elevado, las rodillas dobladas con la rodilla trasera soportando la parte exterior de la rodilla frontal.

Palma penetrante con paso extendido

Dé un paso hacia el frente con el pie izquierdo, gire la parte superior del cuerpo hacia la derecha, cambie los puños por palmas y balancee los brazos a cada lado (figura 27).

Retire el pie derecho hasta la parte trasera del pie izquierdo, eleve la palma izquierda y balancee al frente en arco, coloque la palma derecha en la cadera (figura 28).

Doble la rodilla derecha en postura de sentadilla, extienda el pie izquierdo hacia la izquierda mientras gira la parte superior del cuerpo en la misma dirección y estirando la palma izquierda a lo largo de la parte interior del muslo izquierdo, hacia la izquierda; estire la palma derecha hacia la derecha, mantenga los brazos rectos, las palmas hacia arriba y los ojos siguiendo el movimiento de la palma izquierda (figura 29).

Puntos principales: Al extender la pierna, mantenga una pierna doblada y la pierna estirada muy recta, con las plantas de los pies firmemente apoyadas en el suelo. Los brazos deben estirarse hacia el frente y hacia atrás de manera diagonal, y la parte superior del cuerpo inclinada hacia la izquierda.

Golpear el Pie a Medio Aire

Mueva el peso del cuerpo hacia el frente y doble la rodilla

Figura 19

Figura 20

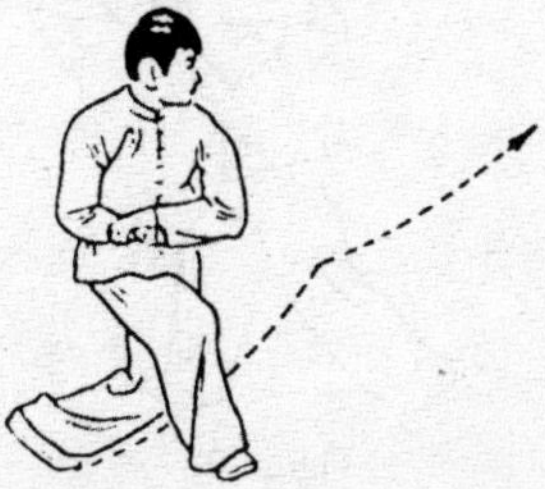

Figura 21

Figura 22

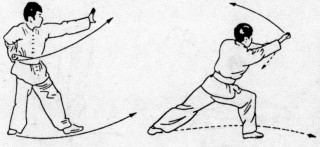

Figura 23

Figura 24

Figura 25

Figura 26

Figura 27

Figura 28

Figura 29

Figura 30

Figura 31

Figura 32

Figura 33

Figura 34

Figura 35

Figura 36

izquierda. Levante los pies, salte con el pie derecho golpeando el izquierdo, aterrice y extienda los brazos hacia el frente y hacia atrás, con las palmas hacia los lados (figuras 30-31).

Dé un paso hacia el frente con el pie derecho y salte con la rodilla izquierda doblada; al mismo tiempo, balancee el brazo derecho hacia abajo, desde la parte posterior hacia el frente, y dé una palmada en el dorso de la mano derecha con la palma de la mano izquierda, por encima de la cabeza (figuras 32-33).

Al encontrarse a medio aire, balancee el pie derecho rápidamente hacia arriba, con los dedos del pie apuntando hacia abajo, golpee el empeine derecho con la palma derecha; doble la rodilla izquierda hacia la parte superior del cuerpo con los dedos del pie apuntando hacia abajo; balancee el brazo izquierdo hacia la parte trasera, un poco más alto que el nivel del hombro, y doble la parte superior del cuerpo ligeramente al frente, con los ojos al frente (figura 34).

Puntos principales: Al golpear el pie, mantenga la parte superior del cuerpo inclinada ligeramente hacia el frente y girada un poco hacia los lados. Golpee el empeine del pie derecho cuando balancee el pie hacia la posición más alta, es decir, sobre la cintura. Mantenga la pierna izquierda doblada, el pecho hacia afuera, la cintura recta e inclinada ligeramente hacia el frente.

Doblar el codo en postura de reverencia

Doble la rodilla derecha y gire la parte superior del cuerpo hacia la izquierda; cubra el puño izquierdo con la palma derecha, frente al pecho, con los ojos mirando hacia atrás por la izquierda (figura 35).

Coloque el pie derecho frente al pie izquierdo y doble la rodilla para conformar una postura de reverencia; doble el codo derecho, con el codo apuntando hacia el frente; empuje el puño derecho contra la palma izquierda, los ojos hacia el frente (figura 36).

Puntos principales: Mantenga la cabeza en alto, la cintura baja, los hombros bajos, la espalda hacia adentro y la parte superior del cuerpo recta.

Rechazo con postura de paso ligero

Dé medio paso hacia atrás con el pie derecho para conformar una postura derecha de paso ligero, los dedos del pie tocando el suelo, el talón elevado, la rodilla ligeramente doblada, rechace con los puños hacia el lado izquierdo de la frente, gire el antebrazo izquierdo hacia afuera, con el puño hacia afuera; gire el antebrazo derecho hacia afuera con la palma hacia adentro; gire la parte superior del cuerpo hacia la izquierda, los ojos mirando hacia la izquierda (figura 37).

Gire la parte superior del cuerpo hacia la derecha, rechace con los puños hacia la parte derecha de la frente, gire el antebrazo derecho hacia adentro con la palma hacia afuera; gire el antebrazo izquierdo hacia afuera con la palma hacia adentro y los ojos mirando hacia la derecha (figura 38).

Puntos principales: Rechace con los puños cerca de la frente al mismo tiempo que gira la parte superior del cuerpo.

Golpear en postura de reverencia

Dé medio paso al frente con el pie derecho y doble la rodilla para conformar una postura de reverencia; cambie el puño derecho a palma, golpee hacia el frente desde el costado de la cadera con los dedos apuntando hacia el frente y coloque el puño izquierdo en la cadera, con la palma hacia arriba y los ojos siguiendo la palma derecha (figura 39).

Puntos principales: Coordine el giro de la parte superior del cuerpo con el paso al frente y el golpe al frente con la palma.

Balancear los puños con paso de retiro

Eleve la pierna derecha y doble la rodilla, girando la parte superior del cuerpo hacia la derecha mientras golpea la pierna derecha con el puño derecho (figura 40).

Retire el pie derecho hacia la derecha y bájelo para conformar una postura derecha de reverencia; balancee el puño derecho en forma de medio arco hacia la derecha y detenga frente al hombro derecho; cambie el puño izquierdo a palma y balancee en arco medio hacia la izquierda y luego al frente, antes de que se tope con la muñeca derecha; gire la cabeza hacia la izquierda, con los ojos mirando hacia el frente y hacia la izquierda (figura 41).

Puntos principales: Al balancear los puños, gire la cabeza con el cuello recto, los hombros bajos y la cintura baja; mantenga la parte superior del cuerpo recta y la espalda hacia adentro.

ELEVAR LA PIERNA CON LAS MUÑECAS DOBLADAS

Doble la rodilla izquierda y levántela hacia el pecho, mueva el brazo izquierdo hacia atrás, con la muñeca doblada y los dedos juntos; eleve la palma derecha sobre la cabeza y, al mismo tiempo gire la parte superior del cuerpo hacia la izquierda, ligeramente inclinado hacia ese lado, con los ojos mirando hacia abajo y hacia la izquierda (figura 42).

Puntos principales: Los movimientos de la pierna y el brazo deben ser poderosos, rápidos y coordinados entre sí. Al girar la cintura, estire los brazos hacia el frente y hacia atrás.

ELEVAR EL PUÑO CON LAS PIERNAS CRUZADAS

Mueva el pie derecho hacia el frente, con los dedos hacia la izquierda (figura 43).

Mueva el pie derecho hacia el frente; el pie izquierdo hacia atrás, hacia el lado derecho; balancee el puño izquierdo en arco hacia arriba a la derecha y hacia abajo; balancee el puño derecho en arco hacia la derecha, hacia abajo, a lo largo de la cintura y hacia la parte interna del brazo izquierdo, antes de estirarlo al frente a nivel de la cabeza, con el puño sesgado hacia arriba, los ojos siguiendo el puño derecho (figura 44).

Puntos principales: Presione hacia abajo los puños antes de elevarlos con los brazos doblados a medias. Al cruzar las piernas, mantenga la pierna frontal doblada con la planta del pie en el suelo y la pierna trasera extendida, con la parte frontal del pie en el suelo, el peso del cuerpo en la pierna frontal y la parte superior del cuerpo girada hacia atrás, hacia el lado de la pierna frontal.

Figura 37

Figura 38

Figura 39

Figura 40

Figura 41

Figura 41

Figura 42

Figura 43

Figura 44

Figura 45

4629

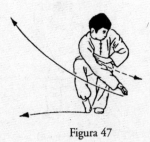

Figura 47

Mueva el peso del cuerpo hacia atrás, hacia la pierna derecha, doble la rodilla izquierda ligeramente, con la parte frontal de la planta del pie apoyada suavemente en el suelo; el talón separado del suelo y, al mismo tiempo, gire la parte superior del cuerpo hacia la izquierda, balancee las palmas en arco hacia abajo y luego hacia el frente, a mayor altura del nivel de los hombros, con los dedos apuntando hacia arriba y los ojos siguiendo la palma izquierda (figura 52).

Puntos principales: al realizar el paso ligero con la rodilla ligeramente doblada, doble la rodilla derecha en posición de media sentadilla, mantenga el pecho hacia afuera, la cintura baja y la parte superior del cuerpo inclinada ligeramente hacia el frente.

POSTURA FINAL

Mueva el pie izquierdo hacia el frente y coloque el derecho junto al izquierdo, con los brazos colgando de manera natural a cada costado del cuerpo, los ojos mirando hacia el frente (figura 53).

Punto principal: Vea la postura de preparación.

II. *Taiji Quan*

1. Origen del Taiji Quan

En los siglos pasados, se crearon muchos mitos acerca de los orígenes del Taiji Quan. Una tradición dice que el Taiji Quan fue desarrollado en el siglo XII. En la época del Emperador Huizong, de la Dinastía Song (reinó de 1101 a 1126), un sacerdote taoísta del Monte Wudang, llamado Zhang Sanfeng, recibió una convocatoria imperial de acudir a la capital, Kaifeng. En el camino, fue atacado por una banda de más de cien ladrones y tuvo que buscar refugio. Durante la noche, recibió la visita en sueños del Espíritu del Monte Wudang, quien le mostró los métodos de un estilo de wushu.

Al siguiente día, Zhang aplicó sus nuevas habilidades para escapar de los ladrones. Este estilo fue legado a través de los siglos y fue conocido como "Escuela Interna de Boxeo", lo que hoy conocemos como Taiji Quan.

Otra historia dice que el Taiji Quan fue desarrollado en el siglo XIV. Esta historia también se refiere al mismo Zhang Sanfeng, que vivió entre finales de la Dinastía Yuan y principios de la Dinastía Ming. Zhang estudiaba para convertirse en sacerdote taoísta en el Monte Wudang, profundizando en los misterios del yin y el yang (de acuerdo con la filosofía china, éstos son dos principios opuestos complementarios de la naturaleza. El primero es femenino y negativo y el segundo es masculino y positivo), la teoría de los "ocho trigramas" (ocho combinaciones de tres líneas completas y rotas, que anteriormente se utilizaban en la adivinación) e intentando aprender los secretos de la inmortalidad por medio de la observación de grullas y tortugas, dos criaturas de larga vida. Un día, Zhang vio luchar a una serpiente y a una grulla y, eventualmente, desarrolló las 13 posturas del Taiji Quan, que conforman las bases de lo que actualmente conocemos como Taiji Quan.

Tales historias son sumamente interesantes, pero el hecho de que el Taiji Quan haya sido desarrollado por Zhang Sanfeng es todavía cuestionable. Situado en el remoto noroeste de la provincia de Hubei, el Monte Wudang destaca por su belleza escénica y ha sido el centro del taoísmo desde el siglo VII. De acuerdo con los registros históricos relacionados con el Monte, han existido dos hombres con el nombre de Zhang Sanfeng. Uno de ellos, reconocido por sus habilidades de combate, vivió en tiempos de la Dinastía Song (960-1279); el otro, un célebre taoísta que vivió a principios de la Dinastía Ming (1368-1644), era muy diestro con la espada. Este último era repetidamente convocado por el emperador reinante pero se negaba a acudir, permaneciendo en aislamiento. Han existido muchas otras historias acerca de este hombre, que han sido comentadas por varias generaciones. Ambos hombres combinaban la cultivación espiritual taoísta con las habilidades en wushu. No obstante, muchos investigadores de wushu piensan que es insuficiente la evidencia para nombrar a uno u otro como el fundador del Taiji Quan.

Independientemente de sus orígenes, los primeros vestigios del Taiji Quan se encuentran en el Condado de Wenxian, en la provincia de Henan, en lo que se refiere a los fundamentos de su forma presente. Sin embargo, la gente local también cuenta con dos explicaciones acerca de sus orígenes: Una de ellas dice que el moderno Taiji Quan fue creado en la villa de Chenjiagou por Chen Wangting; la otra dice que Jiang Fa aprendió las técnicas en la provincia de Shanxi y las llevó a su hogar en la villa de Xiaoliu, también en el Condado de Wenxian.

Tanto Chen como Jiang fueron reconocidos como maestros de wushu en la Dinastía Ming. En 1641, Chen fue puesto a cargo de la guarnición de su localidad y frecuentemente guió a sus tropas en la batalla. En sus últimos años, Chen vivió en aislamiento, investigando métodos de wushu para la defensa personal y desarrollando finalmente un nuevo estilo. Nacido en 1574, Jiang Fa se hizo particularmente diestro en wushu. La leyenda cuenta que podía alcanzar a una liebre en fuga en sólo cien pasos.

Sin importar cuál de estos dos hombres creó o desarrolló el Taiji Quan, este estilo ha sido gradualmente transmitido al mundo exterior. El Taiji Quan tiene tres principios fundamentales:

1) Asimilación de las bases y experiencia de las formas tradicionales de wushu. Las obras tradicionales de Taiji Quan contienen muchas posturas y versos que se consideran como guías de práctica y son similares a aquellas encontradas en el *Manual de boxeo* del General Qi Jiguang, que son parte de su obra *Un nuevo ensayo sobre los efectos de las artes marciales*, que ya se ha mencionado. El estilo de wushu de Qi era una síntesis de 16 escuelas populares. El Taiji Quan también es el cúmulo del desarrollo y la experiencia de muchos estilos populares de la época.

2) Asimilación de los métodos tradicionales para incrementar y preservar la salud. Aparentemente, el Taiji Quan ha sido

uno de los últimos desarrollos en un proceso gradual que se ha realizado durante los últimos siglos, que combina el wushu con formas tradicionales de ejercicio interno, meditación y ejercicios calisténicos para construir la salud y lograr una larga vida. Estas prácticas implican ejercicios de relajación, concentración y respiración, incorporando una amplia variedad de métodos. Muchos de estos elementos se pueden apreciar en el Taiji Quan.

En un poema de Chen Wangting se menciona una conexión de estos métodos con la tradición taoísta, en donde dice: "El Huang Ting es mi compañero constante". El Huang Ting se refiere al Huang Ting Jing, que es un importante canon taoísta de antaño, relacionado con la salud a través de ejercicios respiratorios.

3) Asimilación de teorías clásicas de filosofía y medicina. El Taiji Quan, como muchos de los ejercicios de salud mencionados anteriormente, adoptó la teoría médica tradicional de promover la circulación del qi, o energía vital, en el cuerpo, para asegurar el adecuado funcionamiento de los órganos internos. También adoptó las teorías filosóficas del *Taiji*, el *yin* y el *yang*, el *wuxing* (metal, madera, agua, fuego y tierra, componentes del universo físico según los antiguos chinos), el *bagua* y otros. Originalmente, el Taiji Quan se conocía como las Trece Posturas, puesto que se conformaba de ocho destrezas básicas y cinco variaciones principales. Éstas se asociaron con las alternancias del bagua y el wuxing.

Wang Zongyue, un famoso practicante de wushu del siglo XVIII, explicó estas teorías y sus aplicaciones en sus Ensayos sobre Taiji Quan. Asimilando las experiencias de practicantes previos, esta obra tuvo gran valor en el desarrollo del wushu y en establecer sus principios básicos. De esta época proviene el establecimiento del término Taiji Quan. Taiji se refiere al estado primario del universo, el comienzo del cambio. Como se utiliza aquí, el término expresa la idea de que el Taiji Quan era profundo e infinitamente variable.

2. Diferentes escuelas de Taiji Quan

En la forma original del Taiji Quan existían saltos, estampes y ráfagas de movimiento repentino. A principios del siglo XIX, un hombre llamado Yang Luchan, del Condado de Yongnian, en la provincia de Hebei, fue al Condado de Wenxian para trabajar como jornalero en la villa de Chenjiagou, en donde aprendió Taiji Quan. Posteriormente, volvió a su condado natal y, por su destreza en el boxeo, fue conocido como "Yang el Invencible". No mucho tiempo después, fue invitado a la capital, Beijing, por el gobierno imperial de la Dinastía Qing para ocupar un puesto como instructor de wushu. El Taiji Quan ya se había extendido a la capital y, como había sido desarrollado por Yang y otros en los años recientes, perdió sus movimientos fieros, tornándose más suave, lento y equilibrado. Por lo tanto, se hizo más adecuado para que los ancianos y los jóvenes los practicaran, ideal como ejercicio saludable.

Como se mencionó anteriormente, el Taiji Quan se ha desarrollado actualmente en varias escuelas diferentes. Las principales escuelas son:

1) El estilo Chen. Esta es la forma original de Henan, desarrollada por la familia Chen. No llegó a Beijing hasta 1928. Este estilo mantiene todavía algunos de los saltos, estampes y ráfagas de fuerza de la antigüedad, intercalando movimientos fuertes y estéticos. Con muchas torsiones y giros, este estilo es enérgico.

2) El estilo Yang. Desarrollado a partir del estilo Chen por Yang Luchan, su forma presente fue desarrollada por su nieto, Chengfu. Actualmente, es el estilo más popular en China. Sus movimientos son equilibrados y relajados, con muchos arcos amplios.

3) El estilo Wu. Desarrollado en Beijing por Wu Quanyou, un hombre nacido en la Manchuria, y su hijo, Wu Jianquan, con base en sus prácticas del estilo Yang. Superado en popularidad solamente por el estilo Yang, los movimientos del estilo Wu son gentiles, compactos y apacibles, ejecutados en forma de arcos de rango medio.

4) El Estilo Hao. Originalmente desarrollado por Wu Yuxiang, quien estudió el Taiji Quan estilo Chen en Henan. El discípulo de Wu, Hao Weizhen, lo llevó a Beijing. Se caracteriza por su sencillez, claridad y por sus movimientos compactos, ligeros y lentos, su rango corto y su estricto trabajo de pies, además de sus posturas rectas.

5) El Estilo Sun. A finales de la Dinastía Qing, Sun Lutang primero estudió Xingyi Quan, después Bagua Quan y, finalmente, el Taiji Quan estilo Hao, con cuyas bases desarrolló su propio estilo. Sus movimientos son ágiles y utiliza fluctuaciones en métodos abiertos y cerrados de manos. Una característica distintiva del estilo Sun es la agilidad del trabajo de pies, que consiste en avances y retiradas veloces.

A pesar de los diversos métodos, los cinco estilos antes mencionados de Taiji Quan son similares en sus rutinas básicas.

A partir de la fundación de la República Popular, se han realizado grandes esfuerzos para promover el Taiji Quan de manera más extensiva. Con la base de los estilos tradicionales, los departamentos de cultura física y deportes han reeditado y publicado las siguientes formas nuevas:

1) Taiji Quan Simplificado. Para principiantes, se basa en el estilo Yang, seleccionando los movimientos principales y combinándolos en 24 formas.

2) Taiji Quan de 88 Movimientos. Nuevamente basado en el estilo Yang, este estilo preserva el orden de movimientos del Taiji Quan tradicional, al tiempo que expresa el carácter del estilo Yang de manera más concentrada.

3) Taiji Quan Sintetizado (66 Movimientos). Seleccionado a partir de los puntos fuertes de varios estilos, este estilo sintetizado es muy vigoroso y es adecuado para aquellas personas que ya cuentan con algo de experiencia.

4) Taiji Quan de 48 Movimientos. También es adecuado para el practicante con cierta experiencia y, de igual forma, se basa principalmente en el estilo Yang, aunque incorpora características de algunos otros estilos. Es vivaz, balanceado y artístico, además de que rompe con el orden tradicional de movimientos.

3. Métodos de práctica

Los métodos de práctica del Taiji Quan son esencialmente los mismos para cada estilo, y consisten en tres elementos principales: práctica individual, de combate en pareja y empuje con las manos.

Las más ampliamente practicadas e importantes son las rutinas individuales. La naturaleza de dichas rutinas varía de estilo a estilo, según su duración, complejidad, vigor y velocidad.

La práctica individual también incluye ejercicios de posturas individuales, como las 37 posturas Taiji, que aparecieron hace unos setenta años; los Ejercicios Internos Taiji, utilizados actualmente como ejercicio curativo de la salud; el Ejercicio Taiji de Pértiga en Pie y los Ejercicios de Habilidades Taiji Básicas.

El combate en pareja se refiere al ataque y defensa coordinados y otras habilidades de combate de acuerdo con un patrón determinado. Pueden practicarse entre dos o más personas.

El empuje con las manos es un estilo de práctica o competencia utilizado en cada estilo de Taiji Quan como ejercicio para desarrollar la habilidad de combate, de reacción y de control.

También existen ejercicios con armas, como el bastón, la espada ancha, la lanza y la vara, que puede realizar una sola persona o dos.

4. Requerimientos básicos para la práctica

Sin importar las variaciones de cada estilo, todos ellos comparten los mismos requerimientos para la práctica.

Postura

Cabeza: Erguida de manera natural, sin desviarse o inclinarse hacia un lado. Los ojos a su nivel, la boca suavemente cerrada, con la lengua tocando el paladar.

Cuello: Erguido pero no tenso, para que permanezca flexible durante la práctica.

Hombros: Relajados y bajos, nunca encogidos hacia arriba, ni presionados hacia atrás o hacia adelante.

Codos: Siempre doblados y bajos de manera natural. Se debe evitar que estén tiesos o que se eleven por encima de las muñecas.

Muñecas: Relajadas pero nunca flojas. No se deben doblar mucho, de manera que la fuerza pueda fluir fácilmente hacia las manos.

Pecho: Relajado y ligeramente cóncavo, nunca estirado hacia afuera o hacia adentro de manera deliberada.

Espalda: Erguida pero relajada, nunca encorvada.

Cintura: Se mantiene baja y flexible, no se presiona hacia adelante ni se encorva hacia atrás.

Columna: Erguida, de manera que todo el torso pueda mantenerse recto naturalmente.

Glúteos: Ligeramente hacia el frente, nunca hacia atrás.

Caderas: Rectas, de manera que la fuerza pueda fluir libremente a los miembros inferiores del cuerpo; sin torsión ni inclinadas hacia afuera.

Piernas: Firmes y sólidas, las rodillas siempre deben estar ligeramente dobladas, flexibles y con libertad para girar y rotar. Los movimientos son suaves, ligeros y estables, con clara distinción de la distribución del peso del cuerpo.

Métodos de movimiento

A lo largo de la práctica de Taiji Quan, el cuerpo debe permanecer relajado y natural, nunca encorvado ni inclinado. La mente guía los movimientos, que deben ser lentos, suaves y ligeros. Se ejecutan en arcos o espirales, sin uso alguno de fuerza bruta, rigidez o fluctuaciones en la velocidad. Aunque los movimientos son ágiles y ligeros, el ejecutante debe permanecer firmemente arraigado en todo momento; sin perder nunca el propio centro. Es esencial la coordinación del cuerpo y, en donde se requieren reacciones o fuerzas repentinas, deben ser veloces aunque sin rigidez; todo el cuerpo moviéndose en una sola pieza.

La respiración debe ser natural y relajada, permitiendo que se torne uniforme, profunda y equilibrada. El movimiento y la respiración deben estar coordinados, aunque la respiración nunca debe ser forzada para cumplir con dicho propósito.

En combate, el Taiji Quan hace énfasis en el mantenimiento de la inmovilidad y la espera del movimiento, reaccionando en respuesta a los movimientos del contrincante. El ejecutante debe controlar al oponente obrando en conformidad con la acumulación de su poder, buscando los puntos débiles del oponente y utilizando un mínimo de fuerza para superar la fuerza mayor, por medio de la destreza y la sensibilidad. Lo anterior requiere de una práctica constante y comprometida, del desarrollo de una conciencia sensible, un juicio adecuado, reacciones rápidas y una gran calma. Adicionalmente, el ejecutante debe desarrollar fuerza para complementar su destreza y su conciencia de combate.

5. El Taiji Quan y la salud

La práctica ha mejorado paulatinamente el valor terapéutico del Taiji Quan y esta es una de las razones de su creciente popularidad, tanto en China como en otros países.

Al entrenar la mente y el cuerpo al mismo tiempo, los ejercicios de Taiji Quan estimulan el cerebro, causando excitación en ciertas regiones del mismo e inhibición protectora en otras. Lo anterior permite que la mente descanse y se libere de la excitación patológica causada por enfermedades, además de contribuir a curar algunos padecimientos crónicos, ocasionados por desórdenes en el sistema nervioso.

En el Taiji Quan, la respiración es natural, a veces incluyendo la respiración abdominal. De esta manera, lo anterior es efectivo en la promoción de la respiración, la circulación de la sangre y la digestión, estimulando gentilmente al metabolismo y las funciones de autoregulación del cuerpo. Adicionalmente, el Taiji Quan tiene un comprobado valor en el tratamiento y prevención de desórdenes de tipo nervioso, enfermedades cardiacas, presión arterial alta, tuberculosis pulmonar, traqueitis, úlceras y otros padecimientos crónicos.

Existen muchos casos de recuperación de enfermedades a través de la práctica del Taiji Quan. Como ejemplo presentamos a Xia Xiaoyu, de 55 años, que trabaja en la Casa de Publicaciones para Niños en Beijing.

Anteriormente, ella tenía varias desventajas en el trabajo, siempre padeciendo enfermedades. Durante varios años sufrió de artritis reumatoide, problemas cardiacos y sangrado uterino. Fue hospitalizada ocho veces pero sin observar mejoras sobresalientes. El médico diagnosticó que su problema era una enfermedad en las coronarias. Una vez más, el tratamiento no provocó una gran mejoría en su condición.

A finales de 1977, Xia Xiaoyu comenzó a practicar el Taiji Quan simplificado de 24 formas. Al principio, le pareció complicado porque ella era tan frágil que no podía mantener un movimiento el tiempo suficiente para cambiar suavemente al siguiente. Sin embargo, perseveró, levantándose temprano cada mañana. Después de cuatro años de práctica, no solamente ha superado sus enfermedades, sino que ha participado, durante tres años consecutivos, en el Torneo Deportivo "La Nueva Marcha Larga" de Beijing para adultos mayores, y obtuvo una medalla en cada ocasión, e incluso una medalla de oro. Se ha convertido en una persona optimista, como nunca antes. Pudo atender normalmente su trabajo y hacer labores domésticas sin problema alguno. Incluso pudo realizar sola algunos viajes de negocios a otras partes de China. En una excursión a la Gran Muralla, escaló hasta el punto más alto, en la cima de una torre de señalización. Nunca se hubiera podido adivinar que, apenas unos años antes, era un verdadero "dispensario de medicamentos". Actualmente, ella y su diaria práctica de Taiji Quan son inseparables.

6. Ejercicio simplificado de Taiji Quan ilustrado

Postura de preparación:
Párese con el cuerpo naturalmente recto, el cuello erguido, la barbilla hacia adentro, los pies juntos, los brazos colgando a los

lados; con la mente concentrada, respire naturalmente, con los ojos mirando hacia el frente (figura 1).

1) Postura de inicio

Párese con los pies separados, a la distancia de los hombros, y los dedos apuntando hacia el frente (figura 2).

Eleve los brazos hacia el frente, con las manos separadas a la distancia de los hombros y las palmas hacia abajo (figura 3).

Eleve los brazos a nivel de los hombros, con los dedos doblados y separados naturalmente, las palmas cóncavas; las muñecas y los codos bajos, los hombros relajados (figura 4).

Mantenga recta la parte superior del cuerpo, doble ligeramente las rodillas en postura de media sentadilla, mientras presiona ligeramente con las palmas hacia abajo (figura 5).

2) Mustang agitando las crines

Gire ligeramente la parte superior del cuerpo hacia la derecha; doble el brazo derecho horizontalmente hacia el frente, hacia el lado derecho del pecho, con la palma hacia abajo; mueva la mano izquierda hacia el pecho, haga un arco hacia la derecha y luego hacia abajo, hacia la cintura, la palma hacia arriba como si sostuviera una pelota con ambas manos, los ojos siguiendo a la mano derecha (figura 6).

Desplace el peso del cuerpo hacia la pierna derecha, lleve el pie izquierdo a la parte interna del pie derecho, con los dedos tocando levemente el suelo (figura 7).

Gire suavemente la parte superior del cuerpo hacia la izquierda, dé un paso al frente y a la izquierda, con el talón tocando el suelo; separe las manos con una mano hacia arriba a la izquierda y la otra hacia abajo a la derecha (figura 8).

Doble la rodilla izquierda, con la pierna derecha recta, para conformar una postura izquierda de reverencia, mantenga girando la parte superior del cuerpo mientras separa ambas manos, con la mano izquierda hacia la parte izquierda superior y la derecha hacia la parte derecha inferior, hasta que la mano izquierda se encuentre en frente de los ojos, con la palma hacia la frente; coloque la mano derecha en la cadera derecha, los ojos siguiendo a la mano izquierda (figura 9).

Desplace el peso hacia atrás, eleve el dedo del pie izquierdo y gire unos 45 grados hacia la izquierda (figura 10).

Gire suavemente la parte superior del cuerpo hacia la izquierda, desplace el peso hacia adelante, con las manos en frente de la parte izquierda del pecho, como si sostuviera una pelota, con la mano izquierda arriba y la derecha abajo, los ojos siguiendo la mano izquierda (figura 11).

Lleve el pie derecho hacia atrás, al lado interno del pie izquierdo, con el dedo del pie tocando ligeramente el suelo o con los dedos separados del suelo cuando ya se haya adquirido más destreza, los ojos mirando a la mano izquierda (figura 12).

Dé un paso al frente y a la derecha con el pie derecho, el talón tocando el suelo; separe las manos, una hacia la parte superior derecha y otra hacia la parte inferior izquierda, los ojos mirando la mano derecha (figura 13).

Desplace el peso hacia el frente, doble la rodilla derecha, con la pierna izquierda recta, para conformar una postura derecha de reverencia; mientras gira la parte superior del cuerpo hacia la derecha, separe las manos hacia la parte superior derecha e inferior izquierda por separado, con los codos doblados levemente y los ojos mirando a la mano derecha (figura 14).

Los movimientos según se muestran en las figuras 15 a 19 son los mismos, excepto que la izquierda debe sustituirse por la derecha y viceversa.

3) La Grulla Blanca extiende sus alas

Gire la parte superior del cuerpo hacia la izquierda, gire la mano izquierda con la palma hacia abajo, describa un arco con la mano derecha hacia el frente, con la palma hacia arriba y debajo de la palma izquierda, que está hacia abajo, como si sostuviera una pelota con ambas manos, los ojos siguiendo la mano izquierda (figura 20).

Dé medio paso con el pie derecho hasta colocarlo detrás del pie izquierdo, con la parte frontal de la planta tocando el suelo (figura 21).

Desplace el peso del cuerpo hacia atrás, gire la parte superior del cuerpo hacia la derecha; separe las manos lentamente hacia la parte superior derecha e inferior izquierda de manera individual, los ojos mirando la mano derecha (figura 22).

Mueva suavemente el pie izquierdo al frente, con los dedos tocando el suelo y el talón elevado; detenga el movimiento de la mano derecha adelante de la parte derecha de la frente, con la palma hacia la izquierda trasera; coloque la mano izquierda en la cadera izquierda, los ojos mirando al frente (figura 23).

4) Sostener la rodilla con paso inclinado

Gire ligeramente la parte superior del cuerpo hacia la izquierda y, al mismo tiempo, baje la mano derecha al frente con la palma hacia arriba; eleve la mano izquierda suavemente, los ojos mirando a la mano derecha (figura 24).

Gire la parte superior del cuerpo hacia la derecha, mueva la mano derecha en arco desde el costado derecho del cuerpo al lado de la cadera derecha, eleve la mano izquierda enfrente de la cara, los ojos mirando la mano izquierda (figura 25).

Continúe girando la parte superior del cuerpo hacia la derecha, lleve el pie izquierdo a la parte interna del pie derecho, con los dedos tocando levemente el suelo, mientras eleva la mano derecha a la parte trasera derecha con la palma hacia arriba; baje la mano izquierda hacia el frente de la parte derecha del pecho, con la palma hacia el suelo, los ojos siguiendo la mano derecha (figura 26).

Lleve el pie izquierdo al frente a la izquierda, con el talón tocando el suelo mientras dobla el codo derecho, hasta que la mano derecha esté más arriba que el hombro derecho; baje la mano izquierda hacia el frente de la cadera izquierda (figura 27).

Doble la rodilla izquierda, con la parte frontal de la planta del pie apoyada en el suelo y la pierna derecha recta para conformar una postura izquierda de reverencia, gire la parte superior del cuerpo hacia la izquierda, presione la mano izquierda hacia el frente desde el lado del oído derecho hasta el nivel de la nariz, mueva la mano izquierda en arco, pasando por la rodilla izquierda, y coloque la mano izquierda en la cadera izquierda; los ojos mirando hacia la mano derecha (figura 28).

Mueva la parte superior del cuerpo hacia atrás y gírelo a la

Figura 1

Figura 2

Figura 3

Figura 4

Figura 5

Figura 6

Figura 7

Figura 8

Figura 9

Figura 10

Figura 11

Figura 12

Figura 13

Figura 14

Figura 15

Figura 16

Figura 17

Figura 18

Figura 19

Figura 20

Figura 21

Figura 22

Figura 23

Figura 24

Figura 25

Figura 26

Figura 27

Figura 28

Figura 29

Figura 30

Figura 31

Figura 32

Figura 33

izquierda, con los dedos del pie izquierdo elevados y girados hacia afuera (figura 29).

Baje los dedos del pie izquierdo y desplace el peso hacia el frente; continúe girando la parte superior del cuerpo hacia la izquierda mientras eleva la mano izquierda hacia la parte trasera de la izquierda, con la palma hacia arriba; baje la mano derecha hacia el frente de la parte derecha del pecho, los ojos mirando la mano izquierda (figura 30).

Mueva el pie derecho hacia la parte interna del pie izquierdo, con los dedos del pie rozando el suelo (figura 31).

Mueva el pie derecho hacia la derecha con el talón tocando el suelo, doble el codo izquierdo, con la mano izquierda más alta que el hombro izquierdo; coloque la mano derecha frente a la cadera derecha (figura 32).

Desplace el peso del cuerpo hacia el frente, doble la rodilla derecha con el pie en el suelo y la pierna izquierda recta para conformar una postura derecha de reverencia; al mismo tiempo, gire la parte superior del cuerpo hacia la derecha, presione la mano izquierda al frente, a partir del costado del oído izquierdo con la nariz; mueva la mano derecha pasando por el frente de la rodilla derecha, antes de colocarla en la cadera derecha, los ojos mirando hacia la mano izquierda (figura 33).

Todos los movimientos de las figuras 34 a 38 son los mismos, excepto que la izquierda debe ser reemplazada por la derecha.

5) Balanceo de Pipa

Dé medio paso con el pie derecho hacia atrás, con la parte frontal de la planta tocando el suelo y colóquelo detrás del pie izquierdo (figura 39).

Desplace el peso del cuerpo hacia atrás, con el talón derecho tocando el suelo y el talón izquierdo ligeramente elevado; gire la parte superior del cuerpo hacia la derecha; eleve la mano izquierda al frente con los dedos apuntando hacia arriba; jale la mano derecha hacia la parte interna del codo izquierdo, los ojos mirando hacia la mano izquierda (figura 40).

Mueva suavemente el pie izquierdo hacia el frente, con el talón tocando el suelo y los dedos elevados; baje los codos con los brazos en arco, el nivel de las manos a la nariz, la palma izquierda hacia la derecha y la mano derecha hacia el codo izquierdo, los ojos mirando hacia la mano izquierda (figura 41).

6) Giro de brazo

Gire las manos con las palmas hacia arriba, después coloque la mano derecha en la cadera derecha (figura 42).

Gire la parte superior del cuerpo hacia la derecha, mueva la mano derecha hacia atrás y hacia arriba formando un arco, los ojos mirando hacia la mano izquierda (figura 43).

Eleve el pie izquierdo; doble el brazo derecho al lado del oído derecho; baje el brazo izquierdo, los ojos mirando a la mano izquierda (figura 44).

Mueva el pie izquierdo hacia atrás, inicialmente tocando el suelo con la parte frontal de la planta y después apoyando toda la planta; desplace el peso del cuerpo hacia atrás, con la parte frontal de la planta del pie derecho tocando el suelo, el talón elevado, empuje al frente la mano derecha, con la palma mirando hacia el frente, lleve la mano izquierda al estómago, los ojos mirando hacia la mano derecha (figuras 45.1-2).

Todos los movimientos de las figuras 46 a 48.2 son los mismos que en las figuras 43 a 45.2, excepto que la izquierda debe sustituir a la derecha y viceversa.

Todos los movimientos de las figuras 49 a 51.1 son los mismos que en las figuras 43 a 45.2.

Para las figuras 46, 47, 48.1 y 48.2, la referencia son las figuras 52, 53, 54.1 y 54.2.

7) Jalar la cola del pavo real (izquierda).

Eleve la mano derecha hacia atrás y forme un arco (figura 55).

Gire ligeramente la parte superior del cuerpo hacia la derecha, doble el brazo derecho hacia el mismo lado del pecho; mueva el brazo izquierdo hacia abajo en forma de arco, los ojos mirando a la mano derecha (figura 56).

Coloque las manos al frente para hacer una postura de "sostener la pelota", la mano izquierda abajo y la derecha arriba; mueva el pie izquierdo hacia la parte interna del pie derecho con los dedos rozando el suelo (figura 57).

Figura 34

Figura 35

Figura 36

Figura 37

Figura 38

Figura 39

Figura 40

Figura 41

Figura 42

Figura 43

Figura 44

Figura 45.1

Figura 45.2

Figura 46

Figura 47

Figura 48.1

Figura 48.2

Figura 49

Figura 50

Figura 51.1

Figura 51.2

Figura 52

Figura 53

Figura 54.1

Figura 54.2

Mueva el pie izquierdo hacia el frente, con el talón tocando el suelo, los dedos hacia arriba; separe las manos hacia arriba y a la izquierda y hacia abajo y a la derecha, por separado, los ojos mirando la mano izquierda (figura 58).

Desplace el peso del cuerpo hacia el frente, doble la rodilla izquierda con la derecha estirada para conformar una postura izquierda de reverencia, gire la parte superior del cuerpo ligeramente a la izquierda, empuje fuertemente con el antebrazo izquierdo hacia el frente, con la mano a nivel del hombro; coloque la mano derecha al lado de la cadera derecha, los ojos mirando al antebrazo izquierdo (figura 59).

Estire la mano derecha al frente y hacia arriba, por debajo de la parte interna del codo izquierdo, con la palma derecha hacia arriba y la palma izquierda hacia abajo (figura 60).

Gire la parte superior del cuerpo a la derecha, con el peso desplazado hacia atrás; jale las manos a partir del estómago hacia atrás, los ojos mirando la mano derecha (figura 61).

Gire la parte superior del cuerpo a la izquierda, doble el brazo derecho hacia el frente, con la mano derecha en la parte interna de la muñeca derecha, los ojos mirando ambas manos (figura 62).

Doble la rodilla izquierda, con la pierna derecha estirada, para conformar una postura izquierda de reverencia, empuje ambas manos desde el pecho hacia el frente, con los brazos doblados y los ojos siguiendo la muñeca izquierda (figura 63).

Separe las manos hacia los lados izquierdo y derecho, con la misma distancia que los hombros, con las palmas hacia abajo (figura 64).

Incline la parte superior del cuerpo hacia atrás; doble la rodilla derecha; eleve el talón izquierdo; jale las manos hacia el pecho (figura 65).

Mantenga inclinada la parte superior del cuerpo hacia atrás; coloque las manos frente al estómago, los ojos a nivel natural (figura 66).

Mueva el cuerpo hacia el frente y desplace el peso hacia el pie izquierdo; doble la rodilla izquierda, con la pierna derecha estirada para conformar una postura izquierda de reverencia;

Figura 55

Figura 56

Figura 57

Figura 58

Figura 59

Figura 60

Figura 61

Figura 62

Figura 63

Figura 64

Figura 65

Figura 66

Figura 67

empuje ambas manos hacia el frente, con las palmas al frente, a nivel de los hombros; los ojos a nivel natural (figura 67).

8) Jalar la cola del pavo real (derecha).

Incline la parte superior del cuerpo hacia atrás y gírelo hacia la derecha, levantando los dedos del pie derecho (figura 68).

Continúe girando la parte superior del cuerpo a la derecha; gire los dedos del pie derecho hacia adentro; mueva la mano derecha en arco parejo hacia la derecha; los ojos siguiendo a la mano derecha (figura 69).

Desplace el peso del cuerpo a la izquierda; mueva el pie derecho hacia la parte interna del pie izquierdo, con los dedos tocando el suelo; coloque la mano derecha hacia abajo, con la palma hacia arriba; doble el brazo izquierdo al frente del pecho para conformar una postura de "sostener la pelota", con la mano derecha abajo, los ojos siguiendo la mano izquierda (figura 70).

Todos los movimientos de las figuras 71 a 80 son los mismos que las figuras 58 a 67, excepto que la izquierda debe reemplazarse por la derecha.

9) Latigazo individual

Recline la parte superior del cuerpo hacia atrás y gire a la izquierda; eleve los dedos del pie derecho, baje la mano derecha ligeramente; mueva el brazo derecho suavemente hacia la izquierda, en arco parejo, los ojos siguiendo a la mano izquierda (figura 81).

Continúe girando el cuerpo hacia la izquierda, con los dedos del pie izquierdo girados hacia adentro y tocando el suelo; ambas manos, con la izquierda más alta que la derecha, también dirigidos hacia la izquierda a medida que gira el cuerpo; eleve el brazo izquierdo a la izquierda con la palma hacia el mismo lado; eleve la mano derecha desde el frente del estómago hasta el costado de la costilla izquierda, con la palma hacia arriba y los ojos siguiendo la mano izquierda (figura 82).

Desplace el peso del cuerpo a la pierna izquierda; mueva el pie izquierdo y colóquelo cerca del pie derecho, con los dedos tocando el suelo; mueva la mano derecha en arco hacia la parte superior derecha y doble los dedos juntos de esa mano, con los brazos a nivel de los hombros; mueva la mano izquierda en arco

Figura 68

Figura 69

Figura 70

Figura 71

Figura 72

Figura 73

Figura 74

Figura 75

Figura 76

Figura 77

Figura 78

Figura 79

Figura 80

hacia abajo y luego hacia arriba hasta el hombro derecho, con la palma hacia atrás y los ojos siguiendo la mano izquierda (figura 83).

Gire suavemente la parte superior del cuerpo hacia la izquierda; dé un paso al frente y a la izquierda con el pie izquierdo, con los dedos hacia afuera, en un ángulo de entre 15 y 30 grados, y el talón rozando el suelo; extienda el brazo izquierdo en línea recta hacia la izquierda con los ojos siguiendo la mano izquierda (figura 84).

Mueva la parte superior del cuerpo hacia el frente y gire a la izquierda, con la parte frontal de la planta del pie izquierdo tocando el suelo; doble la rodilla izquierda, con la pierna derecha estirada para conformar una postura izquierda de reverencia, gire la mano izquierda y empuje al frente, los ojos siguiendo la mano izquierda (figura 85).

10) Mano de Nube

Mueva la parte superior del cuerpo hacia atrás, con los dedos del pie izquierdo elevados y la mano izquierda ligeramente abajo (figura 86).

Mueva la parte superior del cuerpo hacia la derecha, gire los dedos del pie izquierdo hacia adentro; mueva la mano izquierda en arco hacia abajo y hacia el hombro derecho, con la palma hacia adentro; los ojos siguiendo a la mano derecha (figura 87).

Gire la parte superior del cuerpo hacia la izquierda, mueva la palma derecha en arco hacia abajo y hacia el estómago; mueva la mano izquierda en arco hacia arriba, hacia el hombro izquierdo, con los ojos siguiendo la mano izquierda (figuras 88-89).

Gire la mano izquierda gradualmente y muévala hacia la izquierda en arco, con la palma hacia la izquierda; mueva la mano derecha en arco desde el estómago hacia arriba al hombro izquierdo, con la palma hacia el cuerpo, mueva el pie derecho hacia la izquierda, dejando entre 10 y 20 centímetros entre ambos pies, los ojos siguiendo a la mano izquierda (figura 90).

Gire la parte superior del cuerpo hacia la derecha, separe el brazo derecho del cuerpo hacia la derecha en arco; los ojos siguiendo a la mano derecha (figura 91).

Figura 81

Figura 82

Figura 83

Figura 84

Figura 85

Figura 86

Figura 87

Figura 88

Figura 89

Figura 90

Figura 91

Figura 92

Figura 93

Figura 94

Figura 95

Figura 96

Figura 97

Figura 98

Figura 99

Mantenga girando la parte superior del cuerpo a la derecha, dé un paso con el pie izquierdo hacia la izquierda, con la parte frontal de la planta del pie primero tocando el suelo; gire gradualmente la mano derecha hacia afuera, al lado derecho del cuerpo; mueva la mano izquierda en arco desde el estómago hacia arriba, al hombro derecho, con la palma hacia arriba, los ojos siguiendo a la mano derecha (figura 92).

Para los movimientos de las figuras 93 a la 96, las referencias son las de las figuras 89 a 92.

Para los movimientos de las figuras 97 a 99, las referencias son las de las figuras 93 a 95.

11) Latigazo individual

Gire la mano derecha hacia la derecha y doble los dedos juntos, mueva la mano derecha hacia arriba en arco hacia el hombro derecho, con la palma hacia atrás; eleve el talón derecho, los ojos siguiendo a la mano derecha (figura 100).

Para los movimientos de las figuras 101 y 102, las referencias son las de las figuras 84 y 85.

12) Gobernar al potro

Mueva el pie derecho en medio paso hacia atrás del pie izquierdo, con la parte frontal de la planta tocando el suelo (figura 103).

Toque el suelo con el talón izquierdo, recline hacia atrás la parte superior del cuerpo, eleve el talón izquierdo; gire las manos hacia arriba con las palmas hacia el mismo lado (figura 104).

Mueva suavemente el pie izquierdo hacia el frente con los dedos tocando el suelo, el talón ligeramente elevado; gire la parte superior del cuerpo hacia la izquierda, empuje con la mano derecha hacia el frente, al lado del oído derecho y con la palma hacia el frente; mueva la mano izquierda hacia el frente del cuerpo, con la palma hacia arriba, los ojos siguiendo a la mano derecha (figura 105).

13) Elevar el pie derecho

Estire la mano izquierda contra la muñeca derecha, con las manos cruzadas (figura 106).

Mueva el pie izquierdo hacia el frente, a la izquierda, con el talón tocando el suelo y los dedos hacia arriba; separe las manos a cada lado, los ojos siguiendo a la mano derecha (figura 107).

Mueva el cuerpo hacia el frente, con la parte frontal de la planta del pie izquierdo tocando el suelo; mantenga la pierna derecha estirada para conformar una postura izquierda de reverencia, separando las manos a ambos lados (figura 108).

Mueva el pie derecho hacia la parte interna del pie izquierdo, con los dedos tocando el suelo y el talón elevado; cruce las manos frente al pecho, con la mano derecha detrás de la izquierda y las palmas hacia el pecho, los ojos mirando al frente, hacia la derecha (figura 109).

Doble la rodilla derecha; separe las manos a ambos lados; los ojos mirando la mano derecha (figura 110).

Mantenga los brazos a ambos lados, con los codos ligeramente doblados y las palmas hacia el frente; eleve la pierna derecha con el pie flexionado (figura 111).

14) Picos gemelos

Doble la rodilla derecha; mueva la mano izquierda desde atrás en arco hacia el frente; gire las manos con las palmas hacia arriba y los ojos mirando ambas manos (figura 112).

Coloque el pie derecho a la derecha, al frente, con el talón tocando el suelo; coloque las manos abajo, desde ambos lados de la rodilla derecha hacia los costados de las caderas (figura 113).

Baje el pie derecho, con la parte frontal de la planta en el suelo; mueva el cuerpo hacia el frente, estirando la pierna izquierda para conformar una postura derecha de reverencia; cambie las palmas a puños y muévalos hacia arriba y al frente, a nivel de los oídos, con una separación entre ellos de entre 10 y 20 centímetros, los huecos de los puños diagonalmente hacia abajo, los ojos mirando al frente (figura 114).

15) Girar el cuerpo y elevar el pie derecho

Mueva el cuerpo hacia atrás y gire a la izquierda, eleve los dedos del pie izquierdo y gírelo hacia adentro, con todo el pie firmemente apoyado en el suelo; cambie los puños a palmas y sepárelos a ambos lados del cuerpo, con los ojos siguiendo a la mano izquierda (figuras 115-116).

Mueva el cuerpo hacia la derecha y el pie izquierdo a la parte interna del pie derecho, con los dedos tocando el suelo; mueva las manos en arcos, primero hacia arriba y luego hacia abajo frente al pecho, con las palmas hacia atrás y los ojos mirando a la izquierda (figuras 117-118).

Los movimientos de las figuras 119 y 120 son los mismos que los de las figuras 110 y 111, excepto que la izquierda debe reemplazar a la derecha.

16) Pararse en un pie y extender la pierna izquierda

Retire el pie izquierdo con la rodilla doblada, gire la parte superior del cuerpo hacia la derecha y doble los dedos de la mano derecha. Al girar el cuerpo, mueva la mano izquierda en arco hacia el hombro derecho, con los ojos siguiendo a la mano derecha (figura 121).

Doble la rodilla derecha y baje el cuerpo, extienda la pierna izquierda hacia la izquierda; mueva la mano izquierda hacia el frente, por la parte interna de la pierna izquierda, con la palma hacia el frente y los ojos siguiendo a la mano izquierda (figuras 122-123).

Mueva el cuerpo hacia el frente, doble la rodilla izquierda con la pierna derecha estirada para conformar una postura izquierda de reverencia y eleve la mano izquierda; coloque la mano derecha abajo, con los dedos doblados hacia arriba (figura 124).

Doble la rodilla derecha y levántela hacia el frente, con los dedos del pie apuntando hacia abajo; doble la rodilla izquierda ligeramente, tense los dedos derechos y balancee la mano de atrás hacia adelante, por el lado derecho de la pierna, y doble el codo sobre la rodilla derecha, con la palma hacia la izquierda; coloque la mano izquierda al lado de la cadera izquierda, con la palma hacia abajo y los ojos siguiendo la mano derecha (figura 125).

17) Pararse en un pie y extender el pie derecho

Baje el pie derecho hacia el lado derecho del pie izquierdo, con los dedos tocando el suelo, y gire el cuerpo hacia la izquierda; mueva la mano izquierda hacia atrás con los dedos dobla-

Figura 100

Figura 101

Figura 102

Figura 103

Figura 104

Figura 105

Figura 106

Figura 107

Figura 108

Figura 109

Figura 110

Figura 111

Figura 112

Figura 113

Figura 114

Figura 115

Figura 116

Figura 117

Figura 118

Figura 119

Figura 120

dos; mueva la mano derecha en arco hacia el hombro izquierdo, con los ojos siguiendo a la mano izquierda (figuras 126-127).

Doble la rodilla izquierda y baje el cuerpo, extienda la pierna derecha, baje la mano derecha y elévela por la parte interna de la pierna derecha, los ojos siguiendo a la mano derecha (figuras 128-129).

Los movimientos de las figuras 130 y 131 son los mismos que los de las figuras 124 y 125, excepto que la izquierda debe ser reemplazada por la derecha.

18) Lanzar atrás y adelante

Baje el pie izquierdo al frente con los dedos apuntando hacia afuera, gire la parte superior del cuerpo hacia la izquierda, coloque las manos frente al pecho, con la mano derecha sobre la izquierda como si sostuviera una pelota, los ojos mirando el antebrazo izquierdo (figura 132).

Mueva el pie derecho hacia la parte interna del pie izquierdo, con los dedos tocando el suelo, y dé un paso a la derecha, aproximadamente a 45 grados al frente; tense la pierna izquierda para conformar una postura derecha de reverencia, mueva la parte superior del cuerpo hacia el frente y gire a la derecha, eleve la mano derecha y gire la palma hacia arriba, a nivel del costado derecho de la frente, con la palma hacia el frente, empuje la mano izquierda hacia abajo y al frente a nivel de la nariz, con la palma hacia el frente, los ojos siguiendo la palma izquierda (figuras 133-135).

Mueva la parte superior del cuerpo ligeramente hacia atrás, gire los dedos del pie derecho hacia afuera, mueva el pie izquierdo hacia la parte interna del pie derecho con los dedos tocando el suelo; baje la mano derecha, extienda la mano izquierda en arco hacia la derecha, coloque las manos al frente, la mano derecha arriba y la izquierda abajo, como si sostuviera una pelota, los ojos mirando la mano derecha (figuras 136-137).

Dé un paso con el pie izquierdo hacia la izquierda, a unos 45 grados al frente, con la pierna derecha estirada para conformar una postura izquierda de reverencia, mueva la parte superior del cuerpo hacia el frente y gire hacia la izquierda, eleve la mano izquierda y gire la palma sobre la parte izquierda de la frente, con la palma hacia arriba; empuje la mano derecha hacia atrás a la derecha, abajo y al frente, a nivel de la nariz, los ojos mirando la mano derecha (figuras 138-139).

19) Aguja en el fondo del mar

Dé medio paso con el pie derecho, con los dedos tocando el suelo, y colóquelo detrás del pie izquierdo; eleve la pierna izquierda, gire la parte superior del cuerpo hacia la derecha, coloque la palma izquierda en la pierna izquierda; eleve la mano derecha hasta la altura del oído derecho, con la palma hacia la izquierda y los ojos mirando la mano derecha (figuras 140-141).

Baje el pie izquierdo con los dedos tocando el piso y el talón elevado; gire suavemente la parte superior del cuerpo hacia la izquierda, baje la mano derecha hacia el frente; coloque la mano izquierda en la cadera izquierda, los ojos mirando hacia el suelo, al frente (figura 142).

20) Balancear la espalda

Eleve el pie izquierdo y ambas manos con las palmas hacia abajo, con la palma izquierda hacia abajo y los dedos cerca de la muñeca derecha, y la palma derecha se mantiene hacia la izquierda (figura 143).

Baje el pie izquierdo al frente con la pierna derecha extendida hacia atrás para conformar una postura izquierda de reverencia; mueva el cuerpo hacia el frente y gire a la derecha; coloque la mano izquierda horizontalmente sobre la parte derecha de la frente, con la palma hacia arriba; empuje la mano izquierda hasta el nivel de la nariz, los ojos siguiendo la mano izquierda (figuras 144-145).

21) Girar el cuerpo, jalar, bloquear y golpear

Recline la parte superior del cuerpo hacia atrás y gire a la derecha; mueva la mano derecha en arco hacia la derecha; eleve la mano izquierda, los ojos siguiendo a la mano derecha (figura 146).

Mueva el cuerpo hacia la izquierda y el puño derecho en arco hacia el estómago, el puño hacia abajo; eleve la mano izquierda frente a la sien izquierda, con la palma hacia afuera, los ojos mirando hacia la derecha (figuras 147-147.1).

Figura 121

Figura 122

Figura 123

Figura 124

Figura 125

Figura 126

Figura 127

Figura 128

Figura 129

Figura 130

Figura 131

Figura 132

Figura 133

Figura 134   Figura 135   Figura 136

Figura 137   Figura 138   Figura 139

Figura 140   Figura 141   Figura 142

Mueva el pie derecho hacia atrás antes de colocarlo al frente, con los dedos girados hacia afuera; gire el puño derecho hacia afuera, desde el frente del cuerpo con el puño hacia arriba, colocando la mano izquierda en la cadera izquierda, con los ojos siguiendo al puño derecho (figura 148).

Mueva el cuerpo hacia el frente y dé un paso al frente con el pie izquierdo; estire la mano izquierda al frente en arco y bloquee con la palma hacia abajo; coloque el puño derecho en la cadera derecha, con los ojos siguiendo la mano izquierda (figuras 149-150).

Mueva la parte superior del cuerpo hacia el frente, doblando la rodilla izquierda con la pierna derecha extendida para conformar una postura izquierda de reverencia; golpee con el puño derecho al frente, a nivel del pecho; coloque la mano izquierda en la parte interna del antebrazo derecho, los ojos siguiendo al puño derecho (figura 151).

22) Detener golpes

Estire la mano izquierda desde debajo de la muñeca derecha, con ambas palmas hacia arriba; cambie el puño derecho a palma, con la palma hacia arriba y las manos separadas a la distancia de los hombros (figura 152-153).

Mueva la parte superior del cuerpo hacia atrás, levantando los dedos del pie izquierdo; lleve suavemente las manos hacia atrás, al pecho; gire las manos y muévalas al frente del estómago, con las palmas parcialmente hacia abajo (figuras 154-155).

Mueva la parte superior del cuerpo hacia el frente, doblando la rodilla izquierda y la pierna derecha estirada para conformar una postura izquierda de reverencia; empuje las manos hacia el frente, manteniéndolas separadas a la distancia de los hombros, las muñecas a nivel de los hombros, las palmas hacia el frente y los ojos mirando al frente (figuras 156-157).

23) Manos cruzadas

Mueva la parte superior del cuerpo hacia atrás, gire a la derecha y eleve los dedos del pie izquierdo hacia adentro; gire los dedos del pie derecho hacia afuera, mueva la mano derecha en arco parejo hacia la derecha, con el brazo izquierdo levantado hacia la parte izquierda del cuerpo, los ojos mirando la mano derecha (figuras 158-159).

Mueva la parte superior del cuerpo hacia la izquierda, gire los dedos del pie derecho hacia adentro; lleve el pie derecho hacia la izquierda y, al mismo tiempo, mueva las manos hacia abajo, al estómago, antes de elevarlas en arcos y cruzarlas al frente, con la mano derecha sobre la izquierda y las palmas hacia atrás, los ojos al frente (figuras 160-162).

24) Postura final

Gire las palmas hacia afuera y hacia abajo, llévelas a ambos lados de las caderas; los ojos al frente (figuras 163-165).

Mueva el pie izquierdo y colóquelo cerca del derecho, con el cuerpo naturalmente erguido, como en la postura de preparación (figura 166).

III. Shaolin Quan

1. Monasterio Shaolin y Wushu Shaolin

El Shaolin Quan es uno de los más reconocidos estilos tradicionales de wushu, su nombre se originó por el Monasterio Shaolin, un importante centro en el desarrollo de las artes marciales chinas.

El monasterio está situado en la provincia de Henan, a 13 kilómetros al noroeste del condado de Dengfeng, en la ladera del oeste del Monte Songshan. El nombre Shaolin proviene del hecho de que el monasterio se anida en el bosque (lin), bajo la cuesta de sombra del norte del Pico Shaoshi.

El Monasterio Shaolin fue construido en el año 495 bajo el gobierno del emperador Xiaowen (reinó del año 471 al 500), de la Dinastía Wei del Norte, para alojar un monje visitante de la India. Durante los 1 500 años de su historia, el monasterio ha

Figura 143

Figura 144

Figura 145

Figura 146

Figura 147

Figura 147.1

Figura 148

Figura 149

Figura 150

Figura 151

Figura 152

Figura 153

Figura 154

Figura 155

Figura 156

Figura 157

145

Figura 158

Figura 159

Figura 160

Figura 161

Figura 162

Figura 163

Figura 164

Figura 165

Figura 166

vivido esplendor y decadencia; a veces establecido vasta y prósperamente, y otras veces sufriendo opacidad y desastre.

En el año 573, el emperador Wudi (reinó del año 561 al 579), de la Dinastía Zhou del Norte, prohibió las religiones budista y taoísta. El Monasterio Shaolin fue abandonado. Después del año 581, el emperador Wendi (reinó del año 581 al 605), de la Dinastía Sui, revivió el budismo, legando al monasterio diez mil mu (666 hectáreas) de tierra y proporcionó subsistencia a los monjes. No mucho tiempo después, sin embargo, los extensivos levantamientos y guerras contra el Sui dieron como resultado que el monasterio fuera destruido y sólo quedó en pie una pagoda de piedra.

Bajo el reinado del emperador Taizong, de la Dinastía Tang (reinó del año 627 al 650), el monasterio floreció una vez más, de nuevo en posesión de más de 600 hectáreas de tierra, con construcciones de más de cinco mil habitaciones, cerca de mil monjes y con su propio ejército y estatutos.

En 1312, el emperador Renzong (reinó de 1312 a 1321), de la Dinastía Yuan, honró al abad del Monasterio Shaolin con el nombramiento de El Gran Maestro del Vacío y Duque de Jin. Sin embargo, a finales de la Dinastía Yuan, el monasterio cayó en desastre nuevamente, consumido por el fuego.

Las construcciones que permanecen hasta nuestros días datan de las Dinastías Ming y Qing y la placa que lo nombra como Monasterio Shaolin, sobre la entrada principal, fue escrita por el Emperador Kangxi (reinó de 1662-1723), de la Dinastía Qing. Desafortunadamente, sus problemas no terminarían todavía. En 1928, durante una batalla entre señores feudales, Shi Yousan envió tropas para quemar el monasterio. El fuego ardió durante más de cuarenta días, reduciendo a cenizas la mayoría de los salones principales y destruyendo muchas reliquias culturales.

Después de 1949, el Gobierno Popular puso al Monasterio Shaolin bajo protección y comenzó a reparar sus construcciones. Completamente reconstruido, actualmente ha sido abierto al turismo.

Con respecto del fundador del Shaolin Quan, ha habido mucho debate a lo largo de los siglos. La tradición indica que el iniciador fue el monje hindú Bodhidharma, quien llegó a China y vivió en el Monasterio Shaolin a principios del siglo VI. Bodhidharma, según se dice, desarrolló una serie de ejercicios para que fueran practicados por los monjes después de sus largos periodos de meditación, y que estos ejercicios conforman las bases del Shaolin Quan. Sin embargo, a pesar de que los historiadores en general reconocen que Bodhidharma fue el fundador de la secta Chan del budismo chino, no hay evidencia alguna de que se haya hospedado en el Monasterio Shaolin o de que tuviera conocimientos acerca de artes marciales.

El material histórico sugiere que, casi inmediatamente después de su fundación, la defensa personal o alguna otra forma de entrenamiento físico eran parte de la vida en el monasterio. El relato del maestro Zhou de Chan es interesante. Se dice que, cuando ingresó al monasterio siendo un chico débil, era constantemente maltratado, de manera que decidió aprender artes marciales, que le ayudaron a desarrollar un físico poderoso y le proporcionaron habilidades de combate.

Sin importar los orígenes del wushu Shaolin, a finales de la Dinastía Sui (581-618), las sorprendentes habilidades de combate de los monjes Shaolin se hicieron muy reconocidas. En esa época, Li Shimin, Príncipe de Qin, guiaba a sus tropas en contra de su rival militar, Wang Shichong, en Luoyang. Li había oído hablar de las habilidades de lucha de los monjes Shaolin y les solicitó su ayuda. Los monjes respondieron capturando al sobrino de Wang, colaborando así a la derrota de Wang y a la fundación de la Dinastía Tang, por Li Shimin. Li entregó títulos más tierras y privilegios en el monasterio para los monjes, como recompensa, y erigió una estela (pilar con inscripciones), en la que se registraron sus logros. Los límites del monasterio se ampliaron y se estableció el sistema de monjes soldados. La fama del wushu Shaolin se extendió a través de China. La película *Monasterio Shaolin* se basó en la historia de los soldados monjes que ayudaron a Li Shimin con su destreza en la batalla.

A partir de aquel momento, el monasterio se convirtió en un gran centro para el desarrollo y la práctica de wushu. La práctica se hizo más variada: se desarrollaron las destrezas a manos libres y con armas, el combate de infantería y a caballo. Reconocidos maestros de wushu provenientes de muchas partes de China eran frecuentemente invitados para impartir clases a los monjes. Por ejemplo, el famoso general de la Dinastía Ming, Yu Dayou, visitó el monasterio para enseñar a los monjes sus habilidades con la vara. Al mismo tiempo, el afamado maestro de wushu, Cheng Chongdou, acudió al monasterio para aprender las técnicas Shaolin, que empezaron a difundirse más ampliamente.

Por ende, en varias ocasiones durante su historia, el Monasterio Shaolin se ha convertido en un punto focal para el wushu, asimilando lo mejor de las diferentes escuelas de artes marciales.

De acuerdo con los registros, el wushu practicado en el Monasterio durante diversos periodos ha sido variado en estilo y contenido. Entre los estilos de combate a manos libres, se encuentran aquellos similares al veloz y ágil Chang Quan. Otros eran poderosos, como el Nan Quan, o enfatizaban el uso de la voluntad y la mente, así como la respiración, como el Xingyi Quan (Boxeo de Voluntad-Mente) y el Rou Quan (Boxeo Ligero); mientras que otros imitaban los movimientos animales, como el Luohan Quan (Boxeo Arhat) y el Hou Quan (Boxeo del Mono).

Las habilidades Shaolin con la vara eran particularmente famosas, aunque se realizaban prácticas con las 18 armas militares. Adicionalmente, muchas otras formas de ejercicio evolucionaron, como el ejercicio de pértiga en pie, las destrezas duras, las destrezas ligeras y el Qi Gong (ejercicio de respiración). Los muchos años de pisadas y estampes han causado hundimientos en el suelo de ladrillo del Salón de los Cien Budas del Monasterio Shaolin, en donde los monjes solían practicar el wushu.

A medida que la fama del Shaolin se extendía, los monjes Shaolin recibían muchas citaciones imperiales para la batalla. Los monjes lucharon contra los piratas japoneses, quienes saquearon la costa china y causaron estragos en los poblados locales del siglo XIV durante la Dinastía Ming. En respuesta a un llamado imperial, los monjes Shaolin se enfrascaron en la batalla contra los piratas japoneses en el área circundante a lo que actualmente es Shanghai y fueron comandados por Yue Kong y Da Zaohua. Los registros dicen que estos soldados monjes lucharon con bravura, blandiendo varas de hierro. En un enfrentamiento, liberaron el cerco sobre Shanghai. Posteriormente, sin embargo, fueron asesinados por los piratas japoneses, quienes los atrajeron a una emboscada.

Actualmente, el Monasterio Shaolin y su arte wushu son tan famosos como siempre y sus estilos artísticos y variados han probado ser populares tanto en China como en el extranjero.

2. Contenido y características del Shaolin Quan

El Shaolin Quan es un nombre alterno al Chang Quan tradicional. Se refiere a un estilo que se extendió a través de China y que actualmente se reconoce como uno de los componentes principales del Chang Quan. Sus destrezas principales son golpear, patear, arrojar y manipular. Su estilo puede resumirse como rápido, duro, ágil y sencillo.

Rápido: Los movimientos deben ser veloces. Como dice el proverbio Shaolin: "El puño tiene forma, pero el golpe parece no tenerla" y "Los movimientos son como el viento y tan ágiles como los de los monos".

Duro: Los movimientos deben ser fuertes, pero no rígidos ni inflexibles.

Ágil: Los movimientos nunca deben ser predecibles, sino plenos de cambios inesperados y suaves. Los movimientos no deben ser obvios para el oponente, con el fin de bajarle la guardia y confundirle fingiendo ataques. Al mismo tiempo, los movimientos deben ser ligeros, no pesados ni rígidos. Como dice el proverbio: "Elegantes como un gato, fieros como un tigre, móviles como un dragón y parados en firme como una aguja".

Sencillo: Los movimientos deben ser simples, sin un complicado patrón de posturas. Un proverbio Shaolin dice: "El puño golpea a lo largo de una línea, directo al blanco". Los movimientos para elevar, descender, avanzar, retroceder, girar y moverse hacia los lados deben ser poderosos y simples, deben ejecutarse en una línea y dentro de una distancia de dos o tres pasos.

El Shaolin Quan se ha extendido ampliamente a través de China. De acuerdo con un estimado, *grosso modo*, existen más de trescientas rutinas de Shaolin Quan que se practican actualmente en China. Entre éstas, las más conocidas son: el Dahong Quan (gran boxeo rojo), el Xiaohong Quan (boxeo menos rojo), el Luohan Quan (boxeo arhat), el Chaoyang Quan (boxeo de giro al sol). El Qinglong Chuhai Quan (boxeo del dragón que se eleva desde el mar), el Babu Lianhuan Quan (boxeo de ocho pasos intercalados), el Jingang Quan (boxeo del asistente del guerrero de Buda), el Lianbu Quan (boxeo de paso de cadena), el Qixing Quan (boxeo de siete estrellas), el Meihua Quan (boxeo de cerezo en flor) y el Pao Quan (boxeo de cañón).

El rango de movimientos que utilizan los músculos largos convierte al Shaolin Quan en un excelente ejercicio para cada aspecto de la psique, desarrollando los músculos y la flexibilidad y optimizando las funciones de los órganos internos. También contribuye a construir la voluntad y el vigor. Al mismo tiempo, sus movimientos son estéticos y contribuyen a lograr un porte elegante y coordinado.

La tarea de descubrir, reorganizar y mejorar el Shaolin Quan ha sido objeto de gran atención por parte del Gobierno Popular. En el condado de Dengfeng, cerca del Monasterio Shaolin, se ha establecido una escuela de wushu de medio tiempo, así como una dependencia dedicada a la investigación de la tradición Shaolin. Los investigadores han recolectado manuales de defensa personal preservados por el pueblo y han descubierto ciertas rutinas a manos libres y con armas. También han entrenado maestros de Shaolin Quan. Hoy en día, el Shaolin Quan se está extendiendo aún más ampliamente en China y en muchas otras naciones.

3. Shaolin Tiangang Quan ilustrado
(Boxeo del guerrero celestial)

Postura de preparación: De pie, erguido, con los brazos colgando de manera natural a cada costado y los ojos mirando al frente (figura 1).

Mostrar las palmas con postura de paso ligero

Eleve la mano izquierda hacia el frente y balancéela hacia la derecha con la palma hacia arriba y, al mismo tiempo, eleve la mano derecha hacia la cadera, con la palma hacia arriba, los ojos mirando la mano izquierda (figura 2).

Eleve la mano derecha, con la palma en diagonal hacia arriba y, al mismo tiempo, baje la mano izquierda, balancéela hacia la izquierda, a nivel del hombro, con los dedos juntos y apuntando hacia abajo, los ojos mirando a la izquierda (figura 3).

Balancee la mano derecha hacia la izquierda, hacia abajo y después hacia la derecha sobre la cabeza, con la palma hacia arriba. Al mismo tiempo, mueva el pie izquierdo hacia el frente, con los dedos tocando el suelo, los ojos siguiendo a la mano derecha y después hacia el lado izquierdo (figura 4).

Mustang agitando las crines

Dé un paso al frente con el pie izquierdo mientras balancea la mano derecha hacia la derecha, hacia abajo y al frente; balancee la mano izquierda hacia el frente, recorriendo el costado izquierdo del cuerpo, las palmas hacia abajo y los ojos al frente (figura 5).

Dé medio paso al frente con el pie izquierdo y junte el pie derecho al izquierdo. Al mismo tiempo, eleve las manos a cada lado y luego hacia la parte trasera del cuerpo, con los dedos juntos apuntando hacia arriba; dirija los ojos a la izquierda (figura 6).

Permanezca parado con los puños en las caderas, las palmas hacia arriba, mire al frente (figura 7).

Puño con puño

De pie, empuje los puños hacia el frente; muévalos hacia abajo, a cada costado del cuerpo y elévelos; balancéelos hacia el frente y bájelos al frente del cuerpo, a nivel de la cintura. Los puños hacia abajo y los ojos hacia la izquierda (figuras 8-9).

Pararse en un pie (estampar el pie y sostener los puños)

Gire el cuerpo hacia la izquierda, estirando las palmas hacia el frente; balancee hacia la izquierda, cambie las palmas a puños y llévelos hacia las caderas, con el lado de la palma hacia arriba; al mismo tiempo, eleve el pie derecho y estámpelo fuertemente en el suelo. Después, eleve la rodilla izquierda, con los dedos en punta, los ojos al frente (figuras 10-12).

Puntos principales: Estampe el pie y jale los puños a la vez.

Jalar y golpear

Abra el puño izquierdo, estire la palma y jálela hacia la cintura. Al mismo tiempo, mueva el pie izquierdo al frente para conformar una postura izquierda de reverencia; golpee al frente con el puño derecho, los ojos al frente (figuras 13-14).

Golpear desde la postura de montar

Mueva el pie izquierdo ligeramente hacia atrás, con el talón apuntando hacia afuera y, al mismo tiempo, gire la parte superior del cuerpo hacia la derecha para conformar una postura de montar; defiéndase con el puño derecho, golpee con el puño izquierdo hacia la izquierda, el lado de la palma hacia el frente, los ojos mirando hacia la izquierda (figura 15).

Presionar los codos

Gire el cuerpo a la izquierda, mueva el pie izquierdo suavemente hacia atrás, el talón elevado y sin tocar el suelo, gire el puño izquierdo hacia afuera y atrás y presione hacia abajo; empuje el puño derecho hacia abajo a la izquierda, con los nudillos hacia abajo, los ojos mirando hacia el puño izquierdo (figura 16).

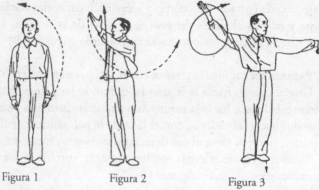

Figura 1

Figura 2

Figura 3

Figura 4

Figura 5

Figura 6

Figura 7

Figura 8

Figura 9

Figura 10 Figura 11 Figura 12

Figura 13 Figura 14

Figura 15 Figura 16

155

Golpear con el puño derecho

Mueva el pie izquierdo hacia el frente, con los dedos apuntando hacia afuera; coloque los puños en la cintura, los ojos al frente (figura 17).

Gire el cuerpo hacia la izquierda, moviendo el pie derecho al frente para conformar una postura de montar; al mismo tiempo, eleve el puño izquierdo sobre la cabeza y doble el codo; golpee con el puño derecho hacia la derecha, los ojos mirando hacia la derecha (figura 18).

Jalar y empujar

Coloque el pie izquierdo detrás del pie derecho, con la parte frontal de la planta del pie tocando el suelo; abra el puño izquierdo en palma, estirándola hacia el frente desde debajo del antebrazo derecho y hacia arriba a la derecha: abra el puño derecho a palma y jálelo hacia la cadera derecha, los ojos siguiendo la palma izquierda (figura 19).

Gire el cuerpo ligeramente hacia la izquierda, extendiendo el pie derecho hacia la derecha y hacia atrás para conformar una postura izquierda de reverencia; cierre la palma izquierda para convertirla en puño y jálelo hacia la cadera, con el hueco del puño hacia arriba; empuje la palma derecha velozmente hacia el frente, los ojos siguiendo la palma derecha (figura 20).

Puntos principales: Gire el cuerpo suavemente a la derecha cuando coloque el pie derecho detrás del izquierdo; mueva el pie hacia atrás al mismo tiempo que empuja la mano.

Doble empuje con las manos

Mueva el pie izquierdo al frente del pie derecho, con la pierna izquierda ligeramente doblada; patee rápidamente con el pie derecho hacia el frente, el pie debe estar flexionado y, al mismo tiempo, abra el puño izquierdo a palma; gírela y balancéela hacia la izquierda con la palma hacia afuera; baje la palma derecha y colóquela en la cadera, los ojos mirando al frente, a la derecha (figuras 21-22).

Elevar el puño (levantar la rodilla y golpear con el puño)

Mueva el pie derecha hacia la derecha y levante la pierna izquierda doblando la rodilla con los dedos en punta; cierre la palma derecha para formar un puño, jálelo hacia la cintura y golpee con el puño derecho hacia arriba y a la derecha, con el puño diagonalmente hacia arriba; jale la palma izquierda hacia atrás, debajo de la axila derecha y cierre la palma para formar un puño, con los ojos siguiendo al puño derecho (figuras 23-24).

Puntos principales: Incline ligeramente la parte superior del cuerpo hacia la derecha, elevando la rodilla al golpear con el puño.

Empuje con la palma

Gire la parte superior del cuerpo ligeramente a la izquierda, moviendo el pie izquierdo hacia la izquierda, con el talón derecho apuntando hacia afuera para conformar una postura de montar. Al mismo tiempo, abra el puño izquierdo en palma y elévelo desde debajo del brazo derecho hacia el lado izquierdo de la frente, con la palma hacia arriba; abra el puño derecho en palma y empuje a la derecha, desde la cintura, la palma apuntando en diagonal hacia arriba y los ojos siguiendo a la mano derecha (figura 25).

Elevar la rodilla y golpear con la palma

Gire ligeramente la parte superior del cuerpo a la derecha; eleve la pierna izquierda y doble la rodilla, con los dedos del pie en punta y, al mismo tiempo, balancee el brazo izquierdo en arco hacia la axila derecha y presione la palma; estoque la palma derecha sobre el antebrazo izquierdo hacia arriba, a la derecha, la palma hacia arriba y los ojos siguiendo a la mano derecha (figura 26).

Puntos principales: Eleve la rodilla al mismo tiempo que estoca con la palma; el movimiento debe ser balanceado y estable.

Convertir la derrota en victoria

Gire rápidamente la parte superior del cuerpo hacia la izquierda, mueva el pie izquierdo hacia su mismo lado para conformar una postura izquierda de reverencia y, al mismo tiempo, balancee el brazo derecho hacia arriba, a la izquierda, hacia abajo y hacia atrás del cuerpo, con los dedos juntos y apuntando hacia arriba; balancee el brazo izquierdo hacia arriba a la izquierda, con el brazo ligeramente doblado y los dedos apuntando hacia arriba; los ojos mirando hacia atrás, a la derecha (figura 27).

Patee con el pie derecho hacia arriba a la derecha, con el pie flexionado y los ojos mirando al frente (figura 28).

Baje el pie derecho, a un paso al frente del pie izquierdo, dé tres pasos al frente en sucesión, con los ojos mirando al frente (figuras 29-32).

Puntos principales: Mueva los pies con la cintura baja, el cuerpo estable y los ojos siguiendo la palma izquierda.

GIRAR EL CUERPO Y ESTIRAR

Gire el cuerpo hacia la derecha, aproximadamente 180 grados, con los dedos del pie izquierdo hacia adentro; mueva el pie derecho medio paso hacia atrás, a la derecha, con los dedos hacia afuera, jalando hacia atrás el puño izquierdo, a la cintura; gradualmente, abra los dedos curvos a palma y estire al frente mientras gira el cuerpo, los ojos mirando a la mano derecha (figura 33).

Coloque el pie izquierdo al frente del derecho y el derecho detrás del izquierdo, las piernas cruzadas y las rodillas dobladas. Al mismo tiempo, estire el puño izquierdo desde debajo del antebrazo derecho hacia el frente a la izquierda, con el lado de la palma diagonalmente hacia arriba; jale hacia atrás el puño derecho hacia el lado izquierdo de la cintura, con los ojos siguiendo al puño izquierdo (figura 34).

Puntos principales: Al balancear la mano derecha hacia atrás, curve con fuerza los dedos. Este movimiento se debe hacer al mismo tiempo con los movimientos del pie derecho, y coloque el pie derecho detrás del izquierdo al estirar el puño izquierdo.

Balancear y golpear

Eleve la pierna izquierda y doble la rodilla mientras jala el puño derecho de regreso a la cintura; gire el antebrazo izquierdo hacia afuera y golpee hacia la izquierda con los ojos siguiendo el puño izquierdo (figura 35).

Apoye el pie izquierdo en el suelo, a la izquierda; gire el cuerpo hacia la izquierda para lograr una postura izquierda de reverencia, balancee el puño izquierdo hacia abajo, hacia la izquierda y sobre la cabeza; golpee al frente con el puño derecho desde la cintura, los ojos siguiendo al puño derecho (figura 36).

Urraca aterrizando en una rama

Coloque el pie derecho detrás del izquierdo, doble las rodillas, abra el puño derecho en palma y balancéela hacia arriba a la derecha, hacia abajo y al frente del cuerpo; cierre la palma a puño y golpee el centro de la palma izquierda; abra el puño derecho a palma, balancéela hacia la izquierda, hacia abajo y al frente del cuerpo, golpeando con el puño derecho, los ojos mirando hacia la izquierda (figura 37).

Sosténgase sobre la pierna derecha, eleve la pierna izquierda, doble la rodilla y patee hacia la izquierda con los dedos del pie girados hacia adentro. Al mismo tiempo, abra el puño derecho a palma y balancéelo sobre la cabeza y hacia la izquierda; curve la mano izquierda al balancear la palma hacia el lado izquierdo del cuerpo, los ojos mirado hacia la izquierda (figuras 38-39).

Puntos principales: Incline ligeramente el cuerpo hacia la derecha mientras patea fuertemente de manera lateral.

Gallo parado en una pata

Apoye el pie izquierdo junto al derecho; eleve la pierna derecha y doble la rodilla con el pie flexionado; balancee el brazo izquierdo hacia abajo, al frente, hacia arriba y hacia atrás, a la derecha, con los dedos juntos y apuntando hacia arriba; balancee el brazo derecho hacia atrás, hacia abajo, hacia el frente y hacia arriba con los dedos apuntando hacia arriba y los ojos siguiendo la mano derecha (figura 40).

Figura 17

Figura 18

Figura 19

Figura 20

Figura 21

Figura 22

Figura 23

Figura 24

Figura 25

Figura 26

Figura 27

Figura 28

Figura 29

Figura 30

Figura 31

Figura 32

Figura 33

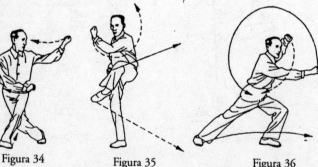

Figura 34

Figura 35

Figura 36

Cortar con paso extendido

Gire la parte superior del cuerpo hacia la izquierda y balancee el brazo derecho hacia abajo y hacia la izquierda, con los dedos apuntando hacia abajo y los ojos siguiendo el movimiento de la palma derecha (figura 41).

Salte con el pie izquierdo, girando el cuerpo a medio aire hacia la derecha, aproximadamente 180 grados; aterrice primero con el pie derecho y extienda la pierna izquierda hacia ese mismo lado, para conformar un paso extendido; balancee los brazos hacia arriba, hacia el frente y corte hacia abajo, con los centros de las palmas de frente una a la otra y los ojos mirando hacia abajo, a la izquierda (figuras 42-43).

Patear y empujar hacia arriba

Desplace el peso del cuerpo al pie izquierdo flexionando el pie derecho y pateando diagonalmente hacia la izquierda. Al mismo tiempo, balancee los brazos hacia arriba, sobre la pierna que patea, con las palmas hacia el frente y los ojos mirando al frente (figura 44).

Patada frontal

Mueva el pie derecho de frente al pie izquierdo y balancee los brazos hacia atrás, doble las muñecas con los dedos juntos y apuntando hacia arriba, los ojos mirando al frente (figura 45).

Dé un paso al frente con el pie izquierdo; eleve la pierna derecha y doble la rodilla, patee hacia el frente con el pie flexionado y los ojos al frente (figura 46).

Puntos principales: Este ejercicio también se puede realizar al saltar, a medio aire.

Doblar la rodilla y estirar el puño

Coloque el pie derecho al frente del izquierdo; eleve la pierna izquierda y doble la rodilla, los dedos del pie en punta; estire el puño izquierdo hacia arriba a la derecha; estire el puño derecho hacia arriba a la derecha, desde la cintura, los ojos siguiendo al puño derecho (figura 47).

Doblar el codo en postura de montar

Mueva el pie izquierdo hacia atrás a la izquierda para conformar una postura de montar; abra el puño izquierdo a palma y balancéela a la izquierda, sobre la cabeza, con el centro de la palma hacia el frente; doble el codo derecho frente al pecho y empuje el codo hacia la derecha, los ojos mirando hacia la derecha (figura 48).

Puntos principales: Mueva el pie y empuje el codo de manera simultánea.

Gallo parado en una pata

Gire la parte superior del cuerpo hacia la izquierda mientras mueve la mano izquierda hacia abajo y atrás, con los dedos juntos y la muñeca doblada; abra el puño derecho a palma y muévala hacia abajo a la izquierda, los ojos mirando hacia atrás por el lado izquierdo (figura 49).

Continúe girando la parte superior del cuerpo y eleve la pierna izquierda, doble la rodilla con los dedos en punta. Al mismo tiempo, gire la parte superior del cuerpo a la derecha, balanceando la mano derecha hacia atrás y hacia arriba, a la derecha y después hacia atrás a la derecha, doble la muñeca con los dedos juntos y apuntando hacia arriba; eleve la palma hacia arriba, con los dedos apuntando hacia afuera y los ojos siguiendo la mano izquierda (figura 50).

Puntos principales: Eleve la pierna y la mano al mismo tiempo.

Doblar el codo derecho

Mueva el pie izquierdo hacia la izquierda, con los dedos apuntando ligeramente hacia afuera, jale el puño derecho hacia atrás, a la cintura; balancee la mano izquierda hacia la izquierda, los ojos siguiendo a la mano izquierda (figura 51).

Gire rápidamente el cuerpo hacia la izquierda y mueva el pie derecho hacia el frente para conformar una postura de montar. Al mismo tempo, doble el codo derecho y golpee hacia la derecha; sostenga el antebrazo derecho con la mano izquierda, mirando hacia la derecha (figura 52).

Figura 37

Figura 38

Figura 39

Figura 40

Figura 41

Figura 42

Figura 43

Figura 44

Figura 45

Figura 46

Figura 47

Figura 48

Figura 49

Figura 50

Golpear hacia la derecha

Golpee con el puño derecho hacia la derecha, desde la cintura; cambie l mano izquierda a puño, elevándola sobre la cabeza y doble el codo, los ojos mirando hacia la derecha (figura 53).

Doblar el codo izquierdo

Gire el cuerpo hacia la derecha moviendo el pie derecho hacia el frente con medio paso y los dedos apuntando hacia afuera; jale el puño izquierdo hacia atrás, a la cintura, y golpee con la mano derecha hacia el frente, con la mano curva, los ojos siguiendo a la mano derecha (figura 55).

Gire rápidamente el cuerpo hacia la derecha, moviendo el pie izquierdo al frente para conformar una postura de montar. Al mismo tiempo, doble el codo izquierdo y golpee a la izquierda; sostenga el antebrazo izquierdo con la mano derecha, los ojos mirando hacia la izquierda (figura 55).

Golpear hacia la izquierda

Golpee con el puño izquierdo hacia la izquierda desde la cintura; cambie la mano derecha a puño, elevándolo sobre la cabeza y doble el codo con los ojos mirando hacia la izquierda (figura 56).

Doble golpe a la derecha

Mueva la parte superior del cuerpo hacia atrás, jalando el pie izquierdo hacia atrás con los dedos girados hacia afuera; jale los puños hacia atrás, a la cintura, con el hueco de los puños hacia arriba, los ojos al frente (figura 57).

Mueva el pie derecho al frente para conformar una postura derecha de reverencia y, al mismo tiempo, golpee fuertemente con los puños hacia la derecha, con el puño izquierdo sobre la cabeza y el hueco del puño hacia abajo; el hueco del puño derecho hacia arriba. Los ojos mirando hacia la derecha (figura 58).

Golpe doble hacia la izquierda

Jale el pie derecho hacia atrás, con los dedos girados hacia afuera. Al mismo tiempo, jale los puños hacia la cintura, con los nudillos hacia abajo y los ojos al frente (figura 59).

Mueva el pie izquierdo al frente para confirmar una postura izquierda de reverencia; golpee fuertemente con los puños hacia la izquierda, con el puño derecho sobre la cabeza y el hueco del puño hacia abajo. El hueco del puño izquierdo debe dirigirse hacia arriba. Los ojos mirando hacia la izquierda (figura 60).

CORTAR CON PASO EXTENDIDO

Eleve la pierna izquierda y doble la rodilla; jale los puños hacia la cintura, con el lado de la palma hacia arriba y los ojos mirando hacia el suelo (figura 61).

Salte con el pie derecho y gire el cuerpo a la izquierda mientras salta; balancee las manos hacia arriba abriendo los puños a palmas (figura 62).

Aterrice en el suelo con el talón izquierdo y, al simultáneamente, extienda la pierna derecha hacia la derecha; golpee la palma izquierda con la mano derecha, mire hacia la derecha (figura 63).

Puntos principales: Golpee y extienda la pierna al mismo tiempo. Mantenga la cintura baja y la cabeza erguida.

PATEAR A MEDIO AIRE

Doble la rodilla derecha con la pierna izquierda recta y, al mismo tiempo, balancee las manos hacia atrás, con las muñecas dobladas y los ojos mirando al frente (figura 64).

Eleve la pierna izquierda y doble la rodilla; salte y patee con la pierna derecha hacia el frente, con el pie flexionado y la fuerza del movimiento dirigida hacia el talón, los ojos al frente (figuras 65-66).

ELEVAR LA RODILLA Y ESTIRAR

Aterrice primero con el pie izquierdo y después el derecho; golpee con la mano izquierda desde detrás de la derecha; cierre la palma derecha en puño y estire al frente sobre el antebrazo izquierdo hacia la derecha, con la palma hacia arriba. Al mismo tiempo, eleve la pierna izquierda y doble la rodilla con el pie en punta y los ojos siguiendo al puño derecho (figura 67).

Puntos principales: Eleve la rodilla al mismo tiempo que estira el puño. El movimiento debe ser parejo y la parte superior del cuerpo debe estar ligeramente inclinada al frente.

GOLPEAR A LA DERECHA EN POSTURA DE MONTAR

Mueva el pie izquierdo hacia la izquierda con las rodillas dobladas para conformar una postura de montar; balancee el puño izquierdo desde debajo del brazo derecho por sobre la cabeza y golpee hacia la derecha con el puño derecho, desde la cintura, los ojos mirando a la derecha (figura 68).

GOLPEAR CON EL PASO DE DESCANSO

Mueva el pie derecho y colóquelo detrás del izquierdo, con las rodillas dobladas para conformar un paso de descanso; balancee el puño izquierdo hacia la derecha, debajo del codo derecho; jale el puño derecho hacia la cintura antes de golpear hacia la derecha, con el lado de la palma hacia arriba, los ojos siguiendo al puño derecho (figuras 69-70).

GIRAR A LA IZQUIERDA Y GOLPEAR

Doble la rodilla izquierda y la pierna izquierda, con los dedos en punta; gire la parte superior del cuerpo hacia la izquierda mientras jala los puños hacia la cintura, los ojos mirando hacia el suelo (figura 71).

Coloque el pie izquierdo al frente a la izquierda, los dedos en punta; mueva el pie derecho y colóquelo frente al izquierdo para conformar una postura de montar. Al mismo tiempo, balancee el puño izquierdo hacia abajo y al frente y después levántelo sobre la cabeza; golpee a la derecha con el puño derecho, con el lado de la palma hacia arriba, los ojos siguiendo al puño derecho (figuras 72-73).

GOLPEAR CON EL PASO DE DESCANSO

Mueva el pie izquierdo y colóquelo detrás del derecho, con

la rodillas dobladas, eleve el puño derecho, bájelo y jálelo hacia la cintura; jale el puño izquierdo hacia la cintura y golpee fuertemente al frente, con el lado de la palma hacia arriba, los ojos siguiendo al puño izquierdo (figuras 74-75).

GIRAR A LA DERECHA Y GOLPEAR

Sosténgase con la pierna izquierda recta y eleve la pierna derecha doblando la rodilla, los dedos en punta; balancee ligeramente los puños hacia arriba, con la cabeza hacia la derecha y los ojos mirando hacia abajo a la derecha (figura 76).

Mueva el pie derecho al frente, a la derecha, con los dedos girados hacia afuera; mueva el pie izquierdo al frente para conformar una postura de montar, balancee el puño derecho hacia abajo, al frente y sobre la cabeza; golpee con el puño izquierdo hacia la izquierda, con el hueco del puño hacia arriba y los ojos siguiendo al puño izquierdo (figuras 77-78).

GOLPEAR EN POSTURA DE REVERENCIA

Gire los dedos del pie izquierdo hacia afuera mientras extiende la pierna derecha hacia atrás y presiona hacia abajo con el talón derecho sin apoyar, para conformar una postura izquierda de reverencia; jale el puño izquierdo hacia atrás a la cintura, con los nudillos hacia abajo, y golpee al frente desde la cintura con el puño derecho, el hueco del puño hacia arriba y los ojos mirando al frente (figura 79).

PATEAR Y GOLPEAR

Sosténgase sobre la pierna izquierda elevando la rodilla derecha y patee al frente con el pie flexionado; jale el puño derecho hacia atrás a la cintura y golpee al frente con el puño izquierdo, los ojos mirando al frente (figura 80).

GIRAR EL CUERPO EN POSTURA DE REVERENCIA

Mueva el pie izquierdo hacia atrás con la parte superior del cuerpo ligeramente girada hacia la izquierda; eleve la rodilla izquierda con los dedos en punta; jale el puño izquierdo hacia

Figura 51

Figura 52

Figura 53

Figura 54

Figura 55

Figura 56

Figura 57

Figura 58

Figura 59

Figura 60

Figura 61

Figura 62

Figura 63

Figura 64

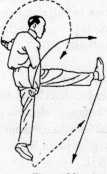

Figura 65

Figura 66

Figura 67

Figura 68

173

atrás a la cintura, golpeando hacia el frente con el puño derecho, los ojos siguiendo al puño derecho (figura 81).

Gire el cuerpo hacia la izquierda, apoye el pie izquierdo al frente a la izquierda para conformar una postura izquierda de reverencia, mientras balancea el puño izquierdo hacia la izquierda sobre la cabeza; golpee al frente con el puño derecho desde la cintura, con el hueco del puño hacia arriba; los ojos al frente (figura 82).

Balanceo de pierna

Gire el cuerpo a la derecha elevando la rodilla derecha con los dedos del pie en punta mientras balancea las manos a cada lado del cuerpo con las muñecas dobladas hacia atrás, los ojos mirando hacia el frente, a la derecha (figura 83).

Mantenga la parte superior del cuerpo como se encuentra, balanceando la pierna derecha de izquierda a derecha, con el pie flexionado (figura 84).

Puño con puño

Apoye el pie derecho al frente y al lado derecho y mueva el pie izquierdo hasta colocarlo junto a éste; cierre las manos a puños y balancéelos hacia abajo, al frente del pecho con los puños frente a frente y hacia abajo, los ojos mirando hacia la izquierda (figura 85).

Postura final: Los brazos cuelgan de manera natural a cada costado, los ojos mirando al frente.

Figura 69

Figura 70

Figura 71

Figura 72

Figura 73

Figura 74

Figura 75

Figura 76

Figura 77

Figura 78

Figura 79

Figura 80

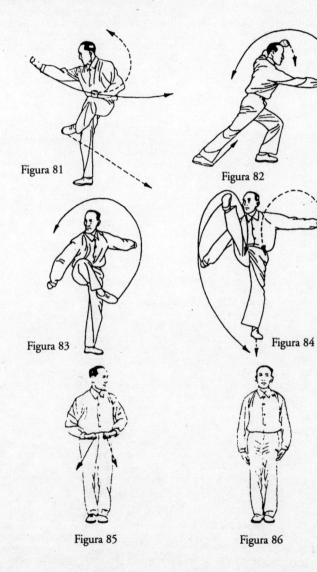

Figura 81

Figura 82

Figura 83

Figura 84

Figura 85

Figura 86

Guía completa de artes marciales, de
Li Tianji y Du Xilian, fue impreso
en agosto de 2004, en Acabados
Editoriales Tauro, Margarita 84,
09830, México, D.F.